U0087769

近代領航人物

世紀經濟大師

凱因斯

郭怡汾　著

三民書局

打開每個人心中的「想像盒」

七十多年前，法國著名作家「安東尼‧聖修伯里」寫過一本廣受歡迎並流傳至今的童話——《小王子》。書中那個好奇又好問的小男孩來自外星球，他純淨的心靈和真摯的感情，一直陪伴著我們地球上一代又一代人的成長。

作家聖修伯里曾經為小王子畫過一個可以讓綿羊居住的盒子。而作家自己也擁有一個珍寶盒，裡面收藏著老照片、舊信件和許多小玩意兒，他常常去翻弄這個盒子，想從中尋找創作的泉源。

三民書局的出版團隊也有這麼一個盛滿「想像」的大盒子，裡面匯集了編輯們經年累月的經驗、心得，以及來自作者、插畫家等的好主意和新點子。多年來，這個團隊不斷為小讀者們出版優秀的人物傳記、勵志叢書等。董事長劉振強先生認為這是出版人的使命，一個好傳統一定要延續下去，讓小讀者永遠有好書可讀，而且每一套書都要精益求精，各具特色。

因此，當我們開始構思下一套新書的方向，如何能夠既延續傳統，又能注入不同的角度和活力，呈現出一番新的面貌，便成為我們的首要考量。

編輯團隊圍坐在一起，慎重的打開我們的「想像盒」，希望從盒裡累積的智慧中汲取靈感。盒內的珍寶攤滿了桌面，眼前立即出現許多引導性的話語，大家一面仔細挑選，一面漸漸理出一個脈絡。

「書寫近代人物，更貼近小讀者的心靈。」

「介紹西方人物，增強小讀者對全球人物的興趣。」

「撰寫某個行業或某個領域中最有代表性的人物，他們的成就

對後世有重大影響，對小讀者有正面啟發作用。」

「多用說故事的方式寫作，以增加趣味性。」

「想像盒」就這樣奇妙的為我們搭起了一個框架，編輯團隊在這個架構中找到了方向，大家興奮的為新叢書定名為「近代領航人物」系列，並決定先從介紹西方人物入手。

框架既已穩固，該添進內容了。如何選取符合條件的撰寫對象，是編輯團隊的再次挑戰。我們又打開了「想像盒」……

「叮」的一聲，盒內跳出一個 "THINK" 的牌子，大家眼前一亮，「那不是 IBM 公司創始人湯姆士・華生的座右銘嗎？意思是要我們海闊天空的去想像，才能產生創意啊！」於是，話匣子打開了。

有人說：「我們每個人手裡都拿著手機，不需要長長的電話線連接，就能無遠弗屆的與人聯繫，但對有『無線電之父──馬可尼』之稱的這個聰明人，我們知道的並不多。」

有人說：「啊！有了，我們何不請最喜歡開飛機的聖修伯里帶大家到義大利去拜訪馬可尼呢？」

有人說：「馬可尼不是已經拍來電報，為我們安排好去巴黎看可可・香奈兒的時裝展示會了嗎？還要去倫敦聽約翰・藍儂的搖滾音樂演唱會哩！」

有人說：「我對時裝展示會沒有太大興趣，但是既然去了巴黎，我倒是很想去看看大文豪雨果筆下的聖母院，也許會碰見那個神祕的鐘樓怪人！」

有人說：「我希望去倫敦時，能走訪唐寧街十號，一睹英國第一位女首相，鐵娘子柴契爾夫人的丰采。」她輕輕咳嗽了一聲，接著說：「我的肺炎剛痊癒，是用了抗生素才治好的。聽說抗生素是英國

細菌學家弗萊明發現的，我也想順便彎去他在倫敦的實驗室參觀一下。」

有人附議：「那太好了，我可以在路邊書報攤買本英國大經濟學家凱因斯主編的《經濟期刊》來一讀。」

有人舉起手來，激動的說：「我原是個害羞沉默的人，自從去上了卡內基的人際關係課程後，才學到怎麼樣表達自己。我想說出我的心願，那就是去美國華盛頓的林肯紀念碑前，聆聽人權鬥士馬丁·路德·金恩博士精彩動人的演講〈我有一個夢想〉。再去附近的國會山莊，參加約翰·甘迺迪的就職典禮，聽他充滿領袖魅力的經典名言，『不要問國家能為你做些什麼，要問你能為國家做些什麼。』」

有人跟著說：「我是環保和人道主義的支持者。既然我們到了美國，我想去緬因州，到環保使者瑞秋·卡森收集海洋生物標本的海邊去走一走。也想去紐約的聯合國兒童基金會總部拜訪兒童親善大使奧黛麗·赫本。這兩位心靈和外表都美麗的女士，一直是我最崇敬的偶像。」

看到大家點頭同意，他急忙追加：「啊，如果還能去洋基球場觀看棒球巨星貝比·魯斯在球場啟用那天轟出的第一支全壘打，那我就太滿足了……」

編輯們彼此會心一笑，這是討論時常有的現象，抱著「想像盒」，天南地北，穿越時空。我們總嘗試以開放的思路，為「傳記」類型的叢書增添更多的新意。

這時一陣歡笑聲響起，原來是美國物理學家費曼為慶祝自己得到諾貝爾獎而開的派對。賓客中有許多知名之士，第一位登陸月球的太空人阿姆斯壯也在其中。聽說費曼正在調查挑戰者號太空梭故

障的原因，阿姆斯壯是他最好的太空顧問！費曼是位科學家，但他興趣廣泛，音樂、舞蹈樣樣精通。只見他隨著熱情洋溢的森巴舞曲，一面打著鼓，一面與現代舞創始人瑪莎・葛蘭姆翩然起舞。

「別鬧了！費曼先生。」門口走進一位胖嘟嘟，面無表情的老頭，把大家嚇了一大跳！只見他拿起手上的擴音器說了一聲「卡」，啊啊，難道他就是那位驚悚片大導演希區考克？

他嚴肅的接著說：「受世人景仰的南非自由鬥士曼德拉先生剛剛辭世。請大家起立致敬。」

我們這趟「穿越之旅」中的二十位人物即將登場，希望他們的領航故事也能開啟小讀者心中的「想像盒」，將來或可成為另一個新領域中的領航人，傳承發揚人類的智慧和文明。

在此特別感謝為小讀者說故事的作者們，除了正文之外，他們都特別增寫了一篇數百字的「後記」，提綱挈領的道出各撰寫人物對世界的影響，提供小讀者更明確的閱讀指標。同樣也感謝繪製精彩畫面的插畫家們，為使圖文搭配相得益彰，不惜數易其稿。對編輯團隊能讓叢書順利的如期出版，我心存感激。對充滿使命感、長期為小讀者做出貢獻的三民書局，我致上最高的敬意。

對您，選擇讀這套叢書，我誠懇的說聲「謝謝」。有您的支持，讓我們有信心為小讀者打造更多優良讀物。

簡宛　2013 年歲末寫於臺北

作者的話

　　人類打從出現在地球上起，便致力於觀察這個世界，累積的種種系統性知識，最後成就了天文學、物理學、化學、醫學等學問。其中始於亞當・斯密《國富論》一書的經濟學，正是一門研究各式資源之分配與流動的社會科學。

　　經濟學可分成兩個部門。一是研究市場的運作，說明供需雙方如何決定生產要素與物品的價格和數量，以及價格、數量的變動方向，我們稱之為「個體經濟學」。另一個分析經濟體的整體行為，影響各國經濟施政甚鉅的，則是「總體經濟學」，它的創造者正是本書的主角：約翰・梅納德・凱因斯。

　　接到三民書局的委託時，老實說我心裡非常惶恐。經濟學是我大學的必修課沒錯，但課程設計比較偏重「個體經濟學」，「總體經濟學」這部分真的無甚著墨，於是也談不上了解。雖然這些年來基於興趣的關係，陸陸續續看了一些經濟學的書，但所謂「內行看門道，外行看熱鬧」，終究只領略了一點皮毛。不過翻翻凱因斯的生平，這人還真是活得精彩無比，我心癢難耐之餘，還是接下這份工作，一轉頭就栽進了資料汪洋裡。

　　作為「總體經濟學」的開山祖師爺，凱因斯的相關資料本就已經汗牛充棟，但隨著 2007 年的美國次級房貸危機，2008 年的國際金融海嘯，以及持續至今仍然無甚起色的全球經濟不景氣，凱因斯這位崛起於第一次世界大戰後的蕭條時期，被譽為「大蕭條時代的救星」的經濟學家，又重新成為鎂光燈的焦點，書市裡也趁熱推出了好幾本相關書籍。

　　身為一個資料搜集狂，我樂見案頭上堆得滿坑滿谷，然而等到翻開書本，撓著腦袋努力編排大綱時，才發覺這次創作真的難之又

難。這一方面是因為凱因斯所處的時代，正是 20 世紀最混亂的時期；另一方面則是因為凱因斯不只是個經濟學家，他的活動範圍之廣，很少有人能比得上，要想在一本三萬字左右的小書裡呈現這樣的時空跨度，實在不是太容易的事情。還有一個問題是，凱因斯的經濟學理論引爆了後世所謂的「凱因斯革命」，我總要以小讀者能夠理解的方式，解釋清楚凱因斯理論的革命性，不然這本書不就白寫了嘛！

目標如此之多，只有落實到紙面上，方能見其真章。實際動筆時，我主要是以史紀德斯基 (Robert Skidelsky) 的《凱因斯傳》為綱領，輔以 Pugh 的《凱因斯》，還有克拉克 (Peter Clarke) 的《為什麼是凱因斯？》，整理出需要的凱因斯生平。至於時代背景，則以娜薩 (Sylvia Nasar) 的《偉大的追尋：經濟學天才與他們的時代》一書，來協助我呈現那個動盪的年代。至於凱因斯理論的解說，以及它的革命性，則全要歸功於海爾布魯諾 (Robert Heilbroner) 的《俗世哲學家》。當然還有其他作者的心血結晶為這本書提供了的養料，但由於太過瑣碎，請原諒我不在此一一列舉。

然後呢，這本書我從頭到尾，大概寫了三版。三版啊！第一版太過著重經濟學的部分，打從第一章開頭，就是一副要用經濟學專有名詞把讀者砸暈的架勢。三民書局的編輯看過試稿，搖搖頭跟我說這樣不行，於是我捻斷三千煩惱絲，弄出了個以親子間的對話來解釋經濟學概念的版本，然後在編輯回覆我前，又以傳統的筆法寫了個內容平鋪直敘的第三版。最後，親子對話的版本勝出，成了最終定稿。

最後想說的是，認真整理資料、撰寫故事，是作者的本分，但

閱讀與評價的權利，則都掌握在讀者手裡。倘若諸位讀者看完這本書後，覺得心裡有點小收穫，甚至跟我一樣喜歡上了凱因斯，那麼作為凱因斯粉絲的小小作者我，就沒白費了這幾個月來所花的心思。

郭怡汾

　　大學主修公共衛生，研究所攻讀的是衛生政策，幾年職場生涯也不脫醫衛相關領域，最後卻回歸興趣本身，趁料理家務、教養子女的空檔，寫寫故事、譯些小說以自娛。

　　書蟲一隻。深深覺得能夠藉寫作這門工作，多方擴展閱書範圍，是生活裡最快樂的事，所謂「寓娛樂於工作」是也。本書是作者繼《汨羅江畔的悲吟：屈原》、《一件裘衣三十年：晏嬰》、《牛郎織女傳》、《鏡花緣》（即將出版）與《弗萊明》之後，與三民書局合作出版的第六本書籍。

世紀經濟大師

凱因斯

目次

01 從經濟大蕭條說起 　002

02 一切始於哈維路六號 　022

03 戰前的寧靜生活 　043

04 和平的代價 　057

05 戰後的長期蕭條 　076

06 凱因斯革命的勝利 　104

後　記 　126

CONTENT

凱因斯

1883 ～ 1946

John Maynard Keynes

01

從經濟大蕭條說起

今天是菲菲、穎穎期待已久要去爬山的日子，偏偏颱風慢吞吞的靠近又拖著腳步不肯離去，已經連颳了兩天狂風暴雨。菲菲無聊的趴在窗臺前，看著外頭被風扯得搖頭擺腦的行道樹，重重嘆了一口氣。

「真無聊。」她又一次唉聲嘆氣，回頭喊道：「媽咪，可以看 DVD 嗎？」

正在看書的媽媽頭抬也不抬的說：「可以啊，自己去找想看的影片吧。」

「喔耶！」一旁在畫水彩的穎穎跟著跳起來，一勁兒嚷道：「姐，我們來看《與恐龍共舞》吧！那個最好看了。」

「拜託，《與恐龍共舞》都看超過一百次了，

我要換別的。」她蹲在書架前東翻西找，片刻後叫道：「啊哈，就是這個！《奔騰年代》。」

「《奔騰年代》？」穎穎湊過頭去，「是講什麼的？」

「講一隻叫做『海餅乾』的賽馬。」菲菲得意的說：「牠跑得很快喔，是美國史上最傳奇的賽馬。」

穎穎端詳著封面上騎師和賽馬的照片，狐疑的皺起眉頭。「賽馬有什麼好看的？還是看恐龍的故事吧。」

「唉喲，聽我的啦，這影片很精彩的，」菲菲指著印在封底上的獎座，「而且你看，它得過好多獎呢。」

穎穎還在猶豫，媽媽卻插嘴了：「菲菲啊，妳怎麼會想到看這部電影？這影片也夠老

了，2003 年上映的，妳那時才幾歲啊？」

「還不是王佑君嘛。」菲菲沒好氣的哼了一聲。「前幾天的說話課上，他占了一整堂課講海餅乾的故事，結果居然沒講完。下課時我問他後來的劇情，他竟然給我裝神祕，怎樣都不肯講。我猜他肯定是忘記故事結尾是什麼了。」

「可能喔，」媽媽笑著說：「這故事是真的挺長的。」

「我也這樣想啊，」菲菲邊說邊打開包裝盒，「所以啊，我想把影片看一看，明天去學校考問他，他若答不出來，我就……哼、哼。」

媽媽噗哧一笑，提醒她：「妳還沒問穎穎同不同意看《奔騰年代》呢！」

菲菲動作一頓，隨即抬起頭，「穎穎？」

穎穎學著哼、哼兩聲才問：「妳要拿什麼跟我換？」

菲菲轉了轉眼睛，提議說：「讀兩本故事書給你聽？」

「才不要，我又不是不識字不會自己看。」說著穎穎豎起三根手指，「陪我下圍棋，三盤。」

「你下棋很慢耶，每次都下到我想睡覺。」菲菲嘟嚷一句，還是接受了。「好啦，三盤就三盤。先說喔，你輸我時不可以要賴說這盤不算。」

「誰輸誰贏還不知道哩！」穎穎扮個鬼臉。「去放妳的影片吧！」

螢幕亮起，影片依序帶出三個主角：馬主、馴馬師、騎師。

故事敘述 20 世紀初年，馬主靠賣車成為富豪，愛子卻諷刺的死於車禍。隨著公路的開闢，汽車轟隆隆駛進美國西部，徜徉在大草原上的馴馬師失去了最後的疆場。鏡頭一轉，熱愛騎馬的紅髮男孩孤伶伶的站在馬場上，他的父母承諾會

回來看他，卻再也沒有出現……

「他爸媽怎麼可以就這樣把他扔在那裡不管了？這也太不負責任了吧！」看到這裡，穎穎氣得為紅髮男孩大聲抱不平。

「沒辦法啊，他在馬場找到工作，他爸媽可沒有，只好去別的地方碰運氣。一家人就這樣分開了也是不得已的。」目光仍盯在螢幕上的菲菲隨口回答。

「他們就不能一起去嗎？」穎穎聞言更是忿忿不平。「在馬場找到工作又怎樣？去到別的地方重新找過不行嗎？一家人本來就應該一直住在一起的啊。」

「嘖嘖，這你就不懂了，」菲菲終於轉向穎穎，豎起食指朝他搖了搖。「你還記得故事剛開始時，他們一家人穿得很漂亮，有豐盛的晚餐可以吃，男孩還能去學騎馬的畫面吧？」

「記得啊，怎麼了？」

「也記得那個爸爸後來穿得很破舊，坐在泥

土路上烤火，身後是一棟破破爛爛的房子吧？」

「嗯，是他們家出了什麼狀況嗎？」穎穎問。

「不只他們家出狀況，而是整個美國都出了狀況。」菲菲乾脆按下暫停鍵，打算為弟弟好好講解一番。「那時美國經濟很不景氣，很多人都找不到工作，他爸爸也跟著失業了。你要知道，人每天就算只待在家裡睡覺也是要花錢的，沒有工作，日子怎過得下去啊！」

「妳還是沒說清楚為什麼他們一家人不能在一起，」穎穎指出。「就像我剛才說的，他們可以一起上路，去新的地方找工作。」

「你真的很笨耶！」菲菲惱了，大聲叫道：「就跟你說了，那時美國經濟很不景氣，在『經

濟大蕭條』，工作『非常』難找，他爸媽就是已經沒有辦法了，才要離開故鄉去別的地方啊。」

被罵笨的穎穎也不高興了，突然冒出一句：「什麼是『經濟大蕭條』？」

菲菲一愣，答不出來。

穎穎斜眼看著姐姐，又是哼哼兩聲，「不知道是吧？還敢說我笨。」他轉頭問媽媽：「媽咪，什麼是『經濟大蕭條』？」

媽媽在一旁聽他們吵嘴好一陣子了，被這一問立刻站起來走到書架前，抓起一本書翻了翻，念道：「1929 年 10 月，繁榮近十年的美國股票市場崩盤了，並透過一連串嚴重的連鎖反應，造成往後十年的全球性經濟大衰退，其衰退情況之嚴重，波及範圍之廣泛，都是前所未有的，於是特別稱為『經濟大蕭條』。這時期的美國，銀行接連倒閉，工廠一一關門，到處都是長期失業的人。人們期盼苦日子早日結束，但經濟情況卻持續探底，看不到希望的曙光，整個社會瀰漫著絕望的

氣息。」

　　穎穎很認真的聽了，卻發現聽不太懂。「媽咪，股票市場是什麼呢？經濟大衰退又是什麼？為什麼股票市場崩盤會引發經濟大衰退？」

　　媽媽微微一笑：「股票市場是買賣股票的地方，就像菜市場是買菜賣菜的地方。那麼，什麼是股票呢？」

　　菲菲搶著回答：「就是假如我以後要開公司當大老闆，卻沒有足夠的錢，那我可以把需要的錢分成四份，找爸爸、媽媽、還有穎穎一人買一份，這個一份就是『股份』，而證明你出了錢的單子就是『股票』。」

　　「哇，菲菲真厲害，居然知道股票是什麼。」媽媽大力誇讚。

　　「嘿嘿，其實這是爸爸講的。」菲菲不好意思的捏捏鼻頭，「爸爸還說，有些公司規模很大很大，會發行很多股票，你如果買了公司的股票，就成為那家公司的小股東，公司賺錢，你就能分

到錢，也就是『股利』，公司虧錢，你就會跟著賠錢；你若不想當股東了，還可以在股票市場上把股票賣掉。」

媽媽接口說：「在臺灣，每一股一開始是十元，每張股票是一千股，也就是一萬元。現在假設菲菲有十張股票，因為公司經營得很好，可以分到不少股利，於是有人想跟菲菲買一張股票⋯⋯菲菲啊，人家出一萬元，妳願意賣嗎？」

菲菲立刻回答：「只出一萬元的話當然是不賣的，因為我可以留著領股利。他出的價錢至少要等於一萬元加上股利才行，不然我就虧本了。」

「如果還有別人也想買妳的股票呢？」

「哇，那我就要看他們兩個誰出的價錢比較高了。」

「現在換個方向，如果公司經營得不好，賠錢了呢？」

菲菲吐吐舌頭，「這時股票應該就沒人要，賣不到原本的一萬元了吧？因為萬一情況糟到公司

倒閉，不就什麼都沒有了嗎？」

「股票市場的價格變動基本上就是這樣。」媽媽接著解釋：「當很多人想買股票時，股價就上漲；買的人變少時，股價就下跌，嚴重時甚至跌破原本的價值。在美國股市不斷上漲的那十年裡，由於報章雜誌、投資專家、廣播名嘴的推波助瀾，買股票幾乎成為全民運動，不僅很多人把薪水、儲蓄通通投資在股票上，還有不少人跟銀行借錢買股票，想藉買低賣高，賺取價差。

「在這樣狂熱的氣氛中，美國股市終於漲到了當時的歷史最高點。雖然不清楚大崩盤是怎麼開始的，但就在 10 月 24 日那天，股價開始狂跌，短短一週內，股價就跌掉 1/3。也就是說，你原本花一萬元買的股票，一週後只能以六千六百元左右的價格賣掉——但這還不是最糟的時候，因為股價還在往下掉。」

穎穎吸了一口氣，「好可怕。」

菲菲搖搖頭，「能拿回六千六百元還算不錯

哩，就怕根本沒人要。」

「菲菲說的沒錯。」媽媽繼續說：「借錢買股票的人有還款壓力，承受不了太大的損失，一看風向不對馬上拋售股票，帶起大規模的股價下跌。其他投資人眼看虧損越來越大，也跟著大喊賣出，引發更劇烈的股價崩跌。然而儘管人人都拚老命想把股票賣出，但在股市崩盤*的時刻，哪裡還有人敢去買股票？於是將畢生積蓄投入股市的人，就這樣眼睜睜看著手裡的股票在短短幾個月內變成一堆廢紙；變賣了一切還是還不清貸款的人，不得不宣布破產*，從此流落到大街上。

「當時還有很多銀行也加入炒股票的行列，隨著股價一路下跌，銀行名下的資產也大幅縮水。存款人聽說銀行的財務出狀況，紛紛擠到銀

---

*股市崩盤：意指股市裡股票價格全面劇烈下跌的現象。

*破產：當債務人的財產不足以清償債務時，為了顧及債務人與債權人雙方的權益，債務人或債權人可以向法院聲請宣告債務人「破產」，並強制將債務人的所有財產公平的分配給債權人。財產分配完畢後，債務人的債務也就結清了，不過有可能一輩子再也不能跟銀行借款。

行櫃臺前，想趕緊把存款領出來，但銀行一時間哪調得出這麼多現金，終於骨牌般一間接著一間倒閉。民眾的財富化為烏有，再也沒有錢買東西，於是建商蓋好了房子但乏人問津，廠商生產了東西卻只能堆在商店貨架上，大堆大堆沒有買主的玉米、小麥當作燃料燒，餿掉的牛奶倒進河裡，讓整條河都變成白色的。到最後，工廠關門，工人失業，貧困突然降臨。」

　　媽媽舉起遙控器，按下播放鍵，配合螢幕上一幕幕大蕭條時代的悲苦畫面，繼續說：「到了1932 年的谷底時，美國股市已經跌掉 85%，許多營運順利、財務穩定的好公司，它們的股票價格更只剩原本的 1/10。最慘的是國民收入，從 1929 年的八百七十億美元萎縮到 1932 年的四百一十億美元──經過換算，這個數字表示，美國國民所製作的產品和提供的服務，足足比三年前少了 1/3。由於我們生活所需的每樣物品都是別人做出來的，所享受的各種服務也都是別人提供的，當

這些產品與服務的提供雙雙減少時，生活水準必然會下降。事實上，這段期間美國人的平均生活水準，一口氣倒退了二十年。

「此外，當時美國有 4/5 的勞動人口在工廠裡工作，八萬五千間企業破產的後果，就是失業率飆高到每四個工人就有一人失業，大約是一千四百萬人沒工作。但幸運保住工作的人日子也沒多好過，工資砍了一半以上不說，他們之中還有 1/3 的人做的是臨時工。『失業』代表沒有收入維持生活，於是城市裡到處可見無家可歸的人，棲身在用破布、木板、舊鐵皮搭成的簡陋小屋裡，救濟品發放站隨時都有上千人在排隊。曾經成功的商人、銀行家現在拎著桶子在路邊賣水果，窮得全家只剩一輛破車的人帶上一家老小，奔赴各個聽說有工作可做的地方。但他們就是找不到工作，因為景氣無比低迷，沒有廠商企業主要開辦事業、催請員工。總之，一切都在低檔徘徊，而且看起來沒有爬升的可能。」

「那怎麼辦呢？ 美國政府總要出來做點事吧。」穎穎叫道。

菲菲也說：「我常在新聞上看到政府提出什麼振興經濟方案的，當時的美國政府應該也會採取行動，設法挽救這種情況吧？」

「很遺憾，他們雖然不是什麼都沒做，但真的做得不夠多。」媽媽嘆口氣說：「當時的美國總統胡佛，起初是把股市崩盤看作一次比較嚴重的市場震盪，曾多次召集工業、金融業與勞工領袖，達成不解僱員工、不裁減薪資的決議。但事情的後續發展，證明這項決議沒有用。

「1930 年時，開始有些對抗經濟大蕭條的政策出現，像是協助旱災受災戶取得飼料、餵養牲口，僱請失業勞工興建一些公共建設，包括著名的胡佛水壩。到了 1931 年，胡佛總統進一步透過民間單位，協助失業民眾找工作，又調運大量的小麥、棉花，請紅十字會將棉花做成衣服，連同小麥一起發放給貧困的人。等到 1932 年夏天，他

還同意一項高達二十一億美元的救濟提案，讓各個州政府能有經費從事救濟工作與公共建設。不過相較於廣大的失業人口來說，這些救助的規模真是微不足道，毫無改善狀況的效果。」

穎穎望向電視螢幕。有個很可愛的小女孩，穿著破爛的及膝長裙，滿臉汙泥，手上拖著一隻同樣破爛的兔子娃娃。一個瘦弱的小男孩，蜷起身體縮在板條箱裡，蓋著舊報紙睡覺。光禿禿的土地上，幾根木條加上繩子、油布，搭成了簡陋的帳棚，一名婦女抱著嬰兒，兩個髒兮兮的孩子站在她身邊，前方的一只皮箱、一張搖椅、幾個

木箱就是他們全部的家當。

　　穎穎越看越難過。「可是這些人真的很可憐啊。美國有那麼多專家學者，美國政府怎麼沒想到找人來研究一下怎麼改善所有可憐人的生活呢？」

　　「倒也不是這麼說。」媽媽想了想，解釋：「當時美國政府之所以做得不夠，是受限於傳統上對景氣循環的想法。所謂的『景氣循環』，是指社會的經濟活動會從興盛慢慢衰退，落到谷底，然後緩緩復甦，回到高峰。當時的人們認為這種循環是自主的，不是人類所能干預的，所以即使美國經濟已經這麼蕭條了，政府的經濟顧問還是主張耐心等候，畢竟過往歷史證明，發生在 1873 年、1893 年、1907 年、1918 年和 1921 年的經濟衰退，最後都自然而然的復甦了。只是他們不知道，這次從 1929 年開始的經濟大蕭條與過去的狀況是截然不同的，他們的不作為雖然沒讓情勢變得更嚴峻，卻也帶不來改善的希望。」

　　穎穎紅著眼眶，盯著螢幕直看，沒有說話。
菲菲見狀，安慰的拍拍弟弟肩膀，很篤定的說：
「媽咪，一定有人想出了解決的方法，對不對？
因為現在的美國一點都沒有大蕭條時代的樣
子。」

　　「是的，」媽媽點點頭說：「這位總體經濟學_*
之父，大蕭條時代的救世主，形塑戰後世界經濟
體系的巨人，名字是約翰‧梅納德‧凱因斯。」

　　菲菲、穎穎互望一眼，然後異口同聲的說：
「媽咪，我們想聽凱因斯的故事！」

＊**總體經濟學**：經濟學這門研究資源的生產、分配與消費的學問，可粗分
　為個體經濟學與總體經濟學兩大部門。個體經濟學奠基在亞當‧斯密的
　《國富論》之上，關注的焦點在於單個市場（如市場、企業、家庭）的
　經濟行為；總體經濟學則以約翰‧梅納德‧凱因斯的《就業、利率與貨
　幣的一般理論》首開先河，專注於整個經濟體（主要是整個國家）的經
　濟運作。

一切始於哈維路六號

　　凱因斯，20世紀最偉大的經濟學家，他的理論主宰經濟學界將近三十年。有好長一段時間，歐美各國的經濟計畫為了增加說服力，都會聲明這計畫是「根據凱因斯的理論擬定的」，可見凱因斯在政治、經濟領域的影響力。但你若以為凱因斯是個生活在學術象牙塔裡的老學究，那你就錯了。他其實多才多藝，精力旺盛，活躍在好幾個舞臺上，彷彿三頭六臂的超人。

　　凱因斯的主要身分是劍橋大學的經濟學教授、英國政府的財經顧問。他也是暢銷書作家、新聞評論員、頂尖學術期刊《經濟期刊》的主編，他才氣縱橫、流暢清晰的文筆，在經濟學家中首屈一指。他熱愛藝術，不但是個芭蕾舞迷、劇院

老闆、國立美術館的理事、藝術委員會的主席，還是業餘的藝術品與古籍蒐藏家。他身兼銀行董事、保險公司董事長、劍橋大學國王學院財務長數職，卻也是名投機客，運用精明的頭腦，及對市場變化的敏銳觀察，在瞬息萬變的股票、期貨與國際貨幣市場上縱橫廝殺，賺得了相當多的財富。

凱因斯的一生精彩，活得淋漓盡致。他不但留下豐富的學術遺產，還致力為後代子孫的幸福，擘劃一個較少顛簸起伏的經濟環境，是個集經濟學家、哲學家與政治家於一身的奇才。而這一切成就，全都要從英國劍橋市哈維路六號說起……

● ☆ ● ☆ ● ☆ ●

　　位在英國英格蘭的劍橋市歷史悠久，可上溯到西元 1 世紀；1233 年，英語世界第二古老的大學──劍橋大學──正式在此成立，為劍橋市增添濃厚的學術氣息。未來將在經濟學界掀起一場浩大革命的凱因斯，就在 1883 年的 6 月 5 日，誕生在哈維路六號的一棟三層樓房裡。

　　凱因斯的父親是劍橋大學的研究員，年輕時在大學裡教理則學與經濟學，後來因為實在不喜歡教書，身體又不太好，就轉入行政體系，一路當到劍橋大學的註冊長。他生來聰明，又很用功，寫了兩本書，一本是理則學上的經典，另一本被選為經濟學的教科書，後來他就憑這兩本書，獲劍橋大學授予博士學位。

　　雖然凱因斯的父親有潛力成為偉大的學者，可是他沒有一定要在學術界闖出名號的壯志雄心，反倒更嚮往平靜和樂的家庭生活。每天下了班，他多半待在家裡看書、集郵、

指導孩子功課，偶爾出門打高爾夫。凱因斯的祖父是很成功的園藝商，留下了大筆遺產，凱因斯的父親就靠這筆遺產，再加上自己逐年增加的薪水，讓這個小家庭可以出國度假，看戲休閒，搜集各種東西，滿足種種嗜好，從來不用操心錢的問題。

　　凱因斯的母親來自一個相當嚴謹的牧師家庭，雖然看起來內向害羞，做事卻非常積極主動。由於住家對面就是公立的救濟院，她從小看著父母為貧病的人四處奔走，很早就立定志向要為社會奉獻心力。身為英國第一批能正式進入大學就讀的女性，她常常騎著腳踏車穿梭在劍橋市裡，從事各式各樣的慈善工作，在當地享有極高的聲望，不但連任好幾屆的市民代表與市政參事，晚年更當選為劍橋市第一任女市長。

　　但儘管公益活動繁忙，凱因斯的母親卻不曾疏於照料家庭，豐富的社會經驗更讓她能跟上孩子成長的腳步。終其一生，她始終是個陪伴孩子

學習成長的好母親、與孩子一起談心的好朋友，親子之間維持相當親密的關係。

凱因斯很幸運的擁有重視教育的父母，家裡又有足夠財力投資在他的教育上，讓他很早就展露了各方面的天賦。根據凱因斯父親的紀錄，凱因斯四歲半時就能解釋什麼是利息：「假如我借你半便士，過了很久一段時間，你就得還我那半便士，再加上一便士。那外加的一便士就是利息。」

凱因斯對理則學也很有一套。據說他在六歲生日那天，運用理則學的推論法，論證為什麼妹妹是個「東西」，結果把妹妹惹哭了。

「媽咪，凱因斯是怎麼說的啊？」穎穎打岔了。

媽媽笑著回答：「凱因斯是這樣說妹妹的：『她也不想要自己成為一個不存在的東西，而如果她不是一個不存在的東西，那麼她一定是某個存在的東西，但如果她是某個存在的東西，那麼

她就一定是一個東西。』這個論證過程完全正確，只是有誰會願意說自己是一個『東西』呢？」

　　來訪的理則學學者聽到這話覺得很有意思，想進一步挑戰凱因斯的思路，便故意問他：「你說妹妹是個東西，那東西會說話嗎？桌子是東西嗎？」凱因斯不慌不忙的回答：「桌子不會說話，妹妹卻會說話。所以有些東西會說話，有些東西不會。」由此可見他的大膽機敏。

　　早熟聰穎的凱因斯很能融入大人的交談，來訪的專家學者都很喜歡跟小大人似的凱因斯講話，凱因斯也常應邀去這些大人物的家裡作客。

可以想見這樣的人文薰陶在凱因斯身上起了多大影響，而凱因斯的外曾祖母在他出生時說的「你生在劍橋，一定非常聰明」，指的就是這種潛移默化的效果。不過影響凱因斯最深的，恐怕還是父子倆夜夜一同在書房讀書的習慣。父親親自指導孩子功課，孩子也認真讀書，這樣的互動不但增進了父子感情，也加速凱因斯的智識開展。

上小學後，凱因斯除了對文學很有興趣，寫得出有模有樣的作文外，還慢慢表現出數學上的才華。在每天兩小時的苦練下，他的學業成績遙遙領先同儕，而後更以第十名的優異成績，考進了伊頓公學。

伊頓公學是英國最頂尖的貴族學校，數個世紀以來，培育了無數的教士、學者、軍官與政治家。凱因斯在這間古老學校裡，日子過得簡直是如魚得水。在老師眼裡，他是個聰明勤奮，各方面均衡發展，言行舉止無可挑剔，還能跟同學和睦相處的好學生。而凱因斯呢，即使討厭某些老

師的陳腐思想，不喜歡做禮拜時牧師枯燥古板的講道，但伊頓公學有更多老師令他發自內心的敬重，他們淵博的學養、開明的態度，在在豐富了他的視野，也為他日後備受讚譽的文字功底奠定了基礎。

對學生來說，學業成績恐怕是最要緊的事。由於凱因斯天資聰穎，加上師長的諄諄教誨，還有父親每週一信的叮囑鞭策，凱因斯就讀伊頓公學的五年期間，總共拿了大大小小六十三個獎項。他的數學尤其出色，只要他參賽，首獎一定是他，最後老師乾脆禁止他參加一般的數學競賽，好讓別人有機會贏得獎勵。除了數學，凱因斯還鑽研古典著作與歷史，更迷上了中古世紀的拉丁文詩歌。不過儘管學業成績優異，凱因斯並不是個成天埋在書堆裡的蛀書蟲。雖然他手腳不大靈活，體育表現並

不出色，但依舊很喜歡運動，尤其愛踢足球。夏天時，他還常和同學一起划船，沿著泰晤士河往上游去，到他們最喜歡的地方喝茶、游泳。

由於生活裡排滿多彩多姿的活動，凱因斯有次寫信告訴父親，他真希望一天有三十六小時，一週有十四天，這樣才能痛痛快快的做好每一件想做的事。他還有封信寫道：「再過一分四十五秒就要熄燈了，可是我還有好多事情要做。」這是信裡的最後一句話，由此可知凱因斯生活的緊湊充實。

在伊頓公學的最後一年，凱因斯把握機會，參加了校內最重要的數學競賽——湯姆萊獎，並且毫不意外的榮獲冠軍。幾天後的畢業考，凱因斯為了校方提供的高額獎學金，卯足全力準備，順利奪得第一，讓自己的大學學費有了著落。之後，他報考劍橋大學的國王學院，不但分數高居榜首，以「貨幣」為主題的論文更讓國王學院的院長親自寫信跟他說：「除了獎金之外，你的學

費、住宿費也全免了。」

　　就這樣，凱因斯挾著前人所未有的輝煌成績，邁入一個更寬廣的世界。

　　若說劍橋大學出身的父母讓凱因斯愛上讀書，和樂富裕的成長環境養成他積極樂觀的心性，伊頓公學的優秀教師開啟各個學科的大門任他悠遊，提供他與來自全英各地的優秀學生切磋琢磨的機會，那麼聲譽卓著的劍橋大學國王學院，則使凱因斯的心裡除了父母、伊頓公學教給他的社會責任感外，還生出了對美學與哲學的追求。

　　凱因斯大學一年級時，有學長找上門來。一個是斯特雷奇，未來的傳記作家兼評論家；另一個是吳爾夫，日後的政治理論家與作家，也是享譽文壇的女性主義先驅維吉尼亞‧吳爾夫的先生。這兩人之所以來找凱因斯，

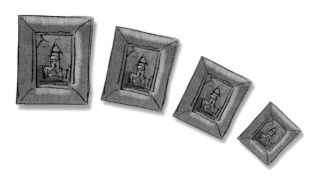

是為了邀請他加入劍橋使徒會。

　　劍橋使徒會是個令人敬畏的小團體，網羅了劍橋大學最優秀的一批學生，而這些志趣相投、聰明絕頂、辯才無礙的「使徒」們，也多締結了不可磨滅的友誼。在凱因斯的大學時代，使徒會的老成員如羅素、摩爾、懷海德等名頭響亮的哲學家仍不時參加社團的聚會，當時尚在努力闖出名號的傑出作家福斯特即使畢業，也常回來和學弟們聯絡感情。

　　在週六下午固定舉辦的聚會上，使徒成員輪流就選定的主題提出報告，大家一邊享用三明治，一邊高談闊論，氣氛隨性又不失知性。凱因斯就是在這樣的場合裡，經過審慎的思辯後，確立了他的人生哲學，並在幾名品味卓絕的成員帶

領下，培養出對美學的喜好，使他成為一個業餘的藝術收藏家。

「媽咪，凱因斯的人生哲學是什麼啊？」菲菲問。

「這個嘛，用最簡單的話講，應該是『懷抱良善目的，採取理性行動』吧。」

「就這樣喔？我們老師也講過差不多的話。」穎穎撇撇嘴，有點失望。「我還以為凱因斯努力想出來的人生哲學會有多特別呢。」

媽媽一邊伸出食指要戳他的額頭，一邊說：「我問你喔！是媽媽叫你看的書比較有趣，還是你自己挑的書比較有趣？」

「當然是我自己挑的書比較有趣啦。」穎穎摀住額頭左躲右閃，嚷嚷：「而且就算真的不好看，我也會努力看完，因為是我挑的。」

「凱因斯也是一樣啊。」媽媽解釋說：「我相信

凱因斯的爸媽一定從小就教他，要為社會大眾做好事，可是不管他們怎麼說、說過多少次，一定比不上凱因斯自己決定要這麼做有用，而他也確實落實了自己的人生哲學。有位傳記作家就說，凱因斯一輩子都是個認真面對困境的人，就算情況已經壞到不能再壞，他也會努力想辦法做點什麼，好讓情況不再那麼壞。這種精神真的很了不起呢！」

除了使徒會，凱因斯還代表學校參加划船比賽，並當選為劍橋學生會的祕書、大學自由黨社的社長。他很熱衷參加校園政治活動，覺得這是比打橋牌還要有趣的「遊戲」。此外，凱因斯延續在伊頓公學的習慣，加入「四個」辯論社團，將原就出色的口才磨練得更加犀利，更在大學聯合會這個劍橋最重要的辯論社團裡大肆活躍，一路當到會長。當時被譽為「最聰明的人」的羅素，就誇讚凱因斯是「我所認識思路最清晰的人，每次跟他辯論都好像飛蛾撲火，常常覺得自己是笨

蛋」。

　　興趣朝多方面發展的後果，就是沒剩下多少時間、精力放在主修的數學上。凱因斯的父親急得頭髮都白了，擔心他這樣常常蹺課，功課怎麼跟得上。於是每每在學校放長假時坐鎮書房，親自監督凱因斯的數學學習進度，總算沒讓他的數學被當掉。

　　1905 年 5 月 15 日，大學的畢業考開始了。從 3 月就一直用功準備的凱因斯，以第十二名的成績畢業，然後開始研讀英國經濟學泰斗馬歇爾所著的《經濟學原理》。

　　《經濟學原理》是史上第一本經濟學教科書。馬歇爾在這本劃時代的著作裡，以淺顯易懂的文字，告訴世人經濟學的種種道理。他很貼心的把所有重要的數學推導留在書後附錄中，以免嚇著害怕數學的讀者，這份心意讓凱因斯後來拿來開玩笑說：「真正的經濟學家應該跳過正文，只看附錄。」

　　馬歇爾年輕時教過凱因斯的父親，曾希望這個優秀學生有天能接下他經濟學教授的席位，只可惜凱因斯的父親志不在此。早年馬歇爾身體還健朗時，常去凱因斯家喝茶聊天，於是跟這個未來的學生很熟悉。凱因斯正式學習經濟學時，馬歇爾正好回到劍橋大學教課，高興得每週都撥出一小時親自指導。幸運能親聆大師教誨的凱因斯，不但覺得經濟學相當有趣，自己也學得非常得心應手，還熱情洋溢的寫了滿滿四個檔案夾的筆記。馬歇爾深愛這個學生，在凱因斯交上來的論文裡留下許多批注，大力鼓吹他專心修習經濟學。不過凱因斯一直拿不定主意──別忘了，他是個興趣廣泛的人──他在一封給朋友的信裡寫著：「馬歇爾不斷糾纏我，要我成為專業的經濟學家，還猛誇我的論文。這裡頭真的沒有問題嗎？」

　　最後凱因斯下定決心振翅高飛，去看看這個廣大的世界，再

加上使徒會的好友都在倫敦尋求發展，使他決定放棄攻讀經濟學，轉投公職人員考試。馬歇爾為此感到惋惜，直到隔年都還在勸他：「只要考前幾天好好念一下經濟學，你一定可以順利拿到學位。」不過凱因斯心意已決，任老師好說歹說也不回頭。終其一生，這位偉大經濟學家真正學習經濟學的時間，也就這短短八個星期而已。

　　1906 年 8 月是凱因斯的公職考試時間。為了這件大事，凱因斯的父親早早就在倫敦租了間公寓，一家人都陪著搬進去。凱因斯為這次考試閉門苦讀了一陣子，即使有幾科他自覺回答得不是很理想，但在與父親檢討過各科答案後，他認為自己的成績肯定能進入前十名。結果不出所料，他的總成績排名第二！令人跌破眼鏡的是，他最有信心的經濟學，分數居然最低。對此凱因斯只說了一句：「顯然我比主考官更懂經濟學。」由日後的種種表現來看，凱因斯這話絕非狂妄自負之言。

　　念到這裡，媽媽闔上書，問向聽得一愣一愣的一雙子女：「好啦，這就是凱因斯這位天才的求學經歷，有沒有很厲害啊？」

　　菲菲長嘆了口氣說：「是很厲害，但我想這沒什麼好驚訝的。好像學術上能有所成就的人，像是牛頓、愛因斯坦、居禮夫人，從小都很聰明，沒有例外。」

　　穎穎點頭附和，神情不知怎的竟顯得有點沮喪：「除了天才以外，凱因斯的爸媽也好、環境也好，樣樣都比別人強，他不厲害才奇怪吧。」

　　「所以一輩子都在研究凱因斯的傳記作家史紀德斯基就說，凱因斯最令人稱羨的是他得天獨厚的背景，才能把上天賦予他的種種才華發揮到極致。」媽媽頓了頓，看著兒子嘟起來的嘴，又說：「可是決定一個人未

來能不能成功的，除了環境，還有一個很重要的
因素，那就是他遇到問題時如何解決。」

　　穎穎疑惑的追問：「怎麼說？」

　　媽媽回答：「凱因斯最特殊的一點是，他很能
掌握『談判互惠、創造雙贏』的藝術。」

　　菲菲腦袋一轉，眼睛頓時一亮：「穎穎你忘了
嗎？剛剛我們是怎麼解決看《奔騰年代》還是看
《與恐龍共舞》的問題？」

　　穎穎也明白了，忍不住叫道：「我知道了！我

們老師總是說，遇到衝突時，最好的做法是你我各退一步、相互合作，這樣就能得到最多的好處。就像剛才，要是我們兩個為了看哪支影片吵起來，最後一定沒得看，所以我就用妳陪我下圍棋，交換我陪妳看《奔騰年代》，讓我們兩人都得到想要的東西。這樣看來——」

　　菲菲接口說：「其實我們也沒差凱因斯那麼多嘛！」說到這裡，姐弟倆望著對方，哈哈大笑了起來。

03

戰前的寧靜生活

　　1906 年，凱因斯進入英國政府的印度部，擔任初級文官。

　　印度部是英國政府在 1858 年設立的單位，負責管理當時隸屬英國殖民地的印度，直到 1947 年印度獨立為止。該單位的工作方式是藉由每年約十萬份的公文書，遙控遠在數千公里外的印度殖民地，工作嚴格遵守例行規章，沒有任何自由發揮的空間。凱因斯當初選擇進入印度部，並不是因為他很喜歡印度，或是對印度充滿好奇，而是因為這單位是英國排名僅次於財政部的重要部門。等他發現分派給自己的工作枯燥乏味到不堪想像時，便不由得懷念起待在劍橋大學的時光了。可是他都已經離開學校了，要怎樣才能重返

校園呢？

　　凱因斯唯一能做的，是提出優秀的論文，爭取國王學院的研究員職位。也正好印度部的工作很輕鬆，讓他能夠以飛快的速度清空公文，把時間通通拿來撰寫他的數學論文《機率論》。然而費時兩年、嘔心瀝血寫成的《機率論》，並沒讓凱因斯獲選為研究員——他在遴選委員會的第十五輪投票時敗下陣來。遴選委員的其中一項理由是：反正他明年還有機會。

　　凱因斯對此非常氣憤，想他從小到大，在學業上向來一帆風順，幾時遭遇過這種挫折？眼看還要在無聊的印度部多待一年，沒想到救星突然出現！劍橋大學開出一個經濟學講師的職缺，即將退休的馬歇爾當下運用影響力，護航愛徒前來爭取。於是兜兜轉轉一大圈，凱因斯終於在 1908 年重返劍橋，踏出成為經濟學家的第一步。

　　菲菲聽到這裡，忍不住說：「不曉得凱因斯回想起來會不會覺得很後悔。早知道就該聽老師的

勤，乖乖把經濟學念完，取得學位，直接留在劍橋教書，也省了在印度部做兩年無聊的工作。」

「命運的安排是很奇妙的。」媽媽解釋說：「凱因斯雖然不喜歡印度部的工作內容，但這兩年的公務人員生活，倒也不完全是浪費時間。他在奉命編撰印度的各年度統計資料時，對金融問題有了實務面的了解，也學到了印度貨幣與銀行制度的相關知識，最後就用這些資料在 1913 年時寫成《印度通貨與財政》一書。

「雖然這本書的銷量是凱因斯所有著作中最差的，但因為書裡展露了高度專業，加上凱因斯當年把印度部的工作處理得很好，跟上司也相處愉快，連國務大臣都誇獎他『前途無量』，於是當英國政府為解決印度的通貨問題，成立了『印度通貨與財政皇家委員會』時，凱因斯竟獲得邀請，擔任委員會的祕書，最後還晉升為委員。委員會發表的報告也大致是根據凱因斯的構想而完成的。這對一個當時還不到三十歲的年輕人來說，

真是莫大的榮耀。」

「哇喔，看來我們就算碰到不喜歡的工作，還是要努力做到最好，因為我們總能從中學到一些東西。」菲菲有感而發的說。

「確實如此。」媽媽綻開微笑，「所以囉，凱因斯若沒去印度部，至少《印度通貨與財政》是寫不出來了。沒在行政部門滾上那麼一圈，那些高階政府官員不認識他，自然不會在日後英國陷入財政危機時重用他，說不定整個歷史也就因此改寫了。」

「可是，凱因斯只學了八個星期的經濟學就去教課，這不是——」穎穎想一想，把新學會的成語給用上了：「誤人子弟嗎？」

「你怎麼對凱因斯這麼沒信心啊。」媽媽笑著拿起書本，繼續念了下去。

20 世紀初，經濟學仍是一門很年輕的學問，課堂上除了馬歇爾的教科書、一些大師的論文、教課與討論時的筆記外，並沒有多少教材可用。

凱因斯剛開始教課時，主要是講述馬歇爾教給他的那些道理，搭配他在實務上摸索出來的心得。他不覺得有必要獨創什麼見解，因為在他看來，以既有的經濟理論來解釋當時的經濟環境，似乎就已經很足夠了。

不過，就算內容缺乏創見，凱因斯仍是個非常好的老師。他講課相當新鮮生動，不但旁徵博引、觸類旁通，還用新聞剪報提供最新數據，引用收到的信件內容，不時發表令人耳目一新的評論，整間教室常常座無虛席，令凱因斯的父親頗為得意。

美中不足的是，經濟學講師的年薪只有他在印度部時的一半。凱因斯不打算節衣縮食、降低生活水準，自然得另闢財源，而最簡單的途徑就是當家教。經過一番努力，到了1909年秋

季時，他已經有了二十四個家教學生，讓他的年收入暴增了六倍！只是家教實在占去太多的課餘時間，凱因斯痛恨自己成了「計時販售經濟學的機器」，就慢慢減少了家教人數。

喜歡跟聰明學生為伍的凱因斯，後來在經濟系成立了「政治經濟學討論會」。這個討論會模仿使徒會，只有受邀者才能參加，每週一晚上在他的住處聚會。出席者要輪流提出經濟學論文，其他人給予評論，凱因斯則舒舒服服的坐在搖椅裡，翹著二郎腿，雙手插在袖子中，一邊聽、一邊想，做出總結。

這個充滿知性的場合，很能引人深入思考，讓想像無限延伸，激發真正有價值的創見。日後凱因

斯充滿革命性的經濟理論，正是在這裡醞釀出來的，而良好的師生互動也締結了真摯的友誼，不少優秀學生更在日後成為他的同事或合作伙伴，在掀起凱因斯革命時發揮極大的影響力。

除了教課、把《機率論》改寫成一本書外，凱因斯就跟所有初出茅廬的學者一樣，很想將滿腹學識展露在世人面前。回到劍橋沒多久，他就接到一份來自著名財經報紙《經濟學人》的委託，要他寫篇與銀行有關的文章。凱因斯不到兩個鐘頭就完稿了，並獲編輯青睞，刊載在很醒目的專欄上。

凱因斯自此愛上了撰寫評論，而他風格鮮明、論述清晰的筆鋒，也相當適合這份工作。多了「新聞評論員」這

個身分的凱因斯，也終生維持在好幾份報章雜誌上發表文章的習慣，不但推廣他的理念，並且為之辯護。

1911 年 10 月，凱因斯獲選為《經濟期刊》的編輯。《經濟期刊》是英國最重要的經濟學刊物，目的在刊載經濟學論文，揭示研究的新進展。起初由於凱因斯太年輕，大家很擔心他沒法做好編輯工作，所以有個委員會負責督導他。沒想到凱因斯做得有聲有色，很快就建立起權威地位，根本不需要監督。

凱因斯任職《經濟期刊》共三十三年，編審過一百四十三期期刊，共一千一百篇論文，人人都贊同他幹得非常出色。他有足夠的學術涵養，能判斷來稿是不是真的值得發表，並有高度的幽默感，可以把修改意見包裝得令作者樂於接受。當稿件沒有創見或重點時，就算作者是某領域的權威，他也會很不客氣的退稿；當他得知某人有獨到的見解或發現時，他會鍥而不捨、用盡方法

邀稿，從而豐富了《經濟期刊》的內容。

媽媽念到這裡，終於停下來。菲菲很感慨的說：「我覺得凱因斯已經不只是超人了。他在學校要教課、兼家教、帶學生，回家還要寫文章、看論文、編期刊……他過的真的是地球時間嗎？」

媽媽眨眨眼，意味深長的說：「你們現在知道的，還只是凱因斯一部分的生活呢。」

「啥？還有喔？」穎穎一聲驚叫。

「當然，」媽媽笑道：「就像你，平常乖乖上課，放假時出去玩，這樣生活才愉快。凱因斯那多彩多姿的娛樂活動，我到現在都還沒講到呢！」

窩在劍橋大學當老師的這段時光，可說是凱因斯一生中最安適的階段。他每個星期天都回哈維路的老家吃午餐或晚餐，他的父親也一定會開瓶紅酒來款待。學校放長假時，他就帶著論文去爬山，或是到歐洲各地旅行；平常一有空就瘋狂買書，不然就是去倫敦看戲、聽歌劇。他還投身政治活動，幫

理念相合的候選人站臺演講，覺得能在大庭廣眾之下駁得對手啞口無言，實在是太爽快的一件事。1911年，他買下第一件有收藏價值的畫作，開始往業餘收藏家的路途邁進；1913年，他正式買賣起股票，努力賺取第一桶金，投資範圍遍及全世界。不過，儘管生活充滿這麼多樂趣，凱因斯社交生活的重心，還是落在布倫斯貝里藝文圈。

布倫斯貝里藝文圈是一群住在倫敦布倫斯貝里區的作家、畫家、藝文評論家，其中最負盛名的是文學家維吉尼亞‧吳爾夫。1905年到第二次世界大戰期間，這群特立獨行的藝文人士幾乎主宰了英國的藝術品味，他們的讚許或貶斥，可以決定一名創作者的聲名。藝文圈有二十多名成員，幾乎都是劍橋大學的畢業生，其中一半人兼具劍橋使徒的身分。由此看來，熱愛美學、好發議論的凱因斯加入布倫斯貝里，根本是理所當然的事。

接下《經濟期刊》的編輯工作後，凱因斯每週固定要到倫敦一趟。也正好布倫斯貝里的朋友想換個環境，就用凱因斯的名義另外租了一棟大房子，凱因斯住一樓，二、三、四樓則讓朋友們居住，這種安排很方便凱因斯定期與朋友聚上一聚。

藝文圈常有聚會，興致來時，大夥可以聊個通宵，暢談藝術、人生、文史、哲學，當然還有政治。凱因斯在圈子裡頗受歡迎，因為他是個什麼都敢聊、也什麼都能聊的人，又頗會營造氣氛，還能當他們的財務顧問。而凱因斯面對如此氣味相投的一群人，簡直像找到了另一個家。儘管有時朋友們吵架拌嘴，弄得他沒法靜心工作，他依舊相當珍惜這份友誼。

菲菲、穎穎全神貫注聽著故事，渾然不覺窗外風聲依然呼嘯。

媽媽捧著書，刻意壓低的嗓音預示著不祥的氣息：「1914 年的春天，一切看起來是那麼光明

燦爛。俄羅斯芭蕾舞團來到倫敦，以全新的表演形式，折服了所有愛好藝術的人。政壇的紛紛擾擾，並未影響英國的經濟繁榮，整個社會呈現一種文明進步的氣氛，大家都覺得明天會更好。日後凱因斯回想起來，總認為這段時光是他此生的黃金歲月：邪惡的烏雲或許存在，卻遙在地平線的另一端；太陽每天升起，世界穩定運轉，大夥儘可以開心的笑鬧，鑽研各自關心的問題。

但是，隨著6月28日奧匈帝國王儲在塞爾維亞遇刺身亡，歐洲各國基於種種協約與結盟關係，一個接著一個捲入戰火。8月3日德法宣戰，8月4日英德宣戰，一整個世代的年輕人就此犧牲在戰場上，凱因斯所熟知的那個老歐洲再也一去不復返！」

04
和平的代價

　　凱因斯向來對人類的理性滿懷信心，認為由於戰爭會拖垮經濟、造成許多不幸，大家會傾全力避免戰爭的到來。他怎麼也沒想到，大戰*居然就這樣爆發了。對他來說，這簡直是晴天霹靂，完全不知該作何感想。然而不管凱因斯的情緒是否平復了，這個世界依舊自顧自的運轉著：

　　英國財政部來了一紙公文，請他協助解決因戰爭爆發、國際資金流動癱瘓而引爆的金融危

---

*大戰：此指第一次世界大戰，主要發生在歐洲，是歐洲史上傷亡非常慘重的一次戰爭，據估計約有六千五百萬人參戰，一千多萬人戰死，二千多萬人受傷。各交戰國或因軍事同盟關係，或基於民族衝突，以及殖民地利益劃分的問題，最後形成「同盟國」與「協約國」兩大陣營。同盟國由德國、奧匈帝國、土耳其、保加利亞組成；協約國則包含英國、法國、日本、俄國與後來加入的義大利。

機，他一如往常的圓滿達成任務；使徒會的朋友
不管他怎麼勸說都堅持要返國參戰，他只好尊重
朋友的選擇，懷著沉重的心情為對方餞行——不
到半個月，就接到好友戰死沙場的消息；他回劍
橋教課，繼續在報紙上發表文章、提供建言，暗
自祈禱戰爭早日結束，生活也好回到正軌。但一
切均事與願違——戰爭的死傷不斷擴大，眼看短
期內不會結束。

1915 年 1 月，凱因斯暫時離開教學崗位，成
為英國財政部的戰時臨時雇員。他先是協助調查
食品漲價的問題，努力幫國家以極為低廉的價
格，從印度買到小麥。接著他以財政部代表的身
分前往法國巴黎，處理協約國軍費短缺的難題，
又在之後的兩年間按部就班建立起一套制度，以
統籌辦理英國借給盟國的各種款項，並採購運送
各式物資。

凱因斯面對種種錯綜複雜的財政問題，總能
一眼看穿其中癥結，想出合適的解決之道。他表

現得極其傑出，很快就成為財政大臣最倚重的財經顧問，工作也日漸繁重。不過擔子沉重歸沉重，凱因斯可是扛得心甘情願，因為他實在太喜歡財政部的工作環境了。

財政部號稱「英國第一部會」，只有最頂尖的人才能在這裡工作，處理最棘手也最關鍵的國家財政問題。它擁有獨特的權威，能左右國家的經濟政策，又與英國的中央銀行——英格蘭銀行——緊密合作，因此，能在財政部內部的政策辯論中獲勝的人，幾乎可以掌控英國整個財政體系的運作！這對凱因斯來說實在是個太誘人的挑戰了，他時常辯贏，也為每一次的勝利得意不已。

腦筋轉得很快的凱因斯，還頗能在忙碌的工作中找樂子。比如有一次，他聽說法國有批名畫要拍賣，就趕緊遞上一份公文給財政大臣，說明由於法國已經積欠英國許多債務，與其收下那些不知拿不拿得回借款的欠條，不如讓法國用名畫來抵債。他這套說詞居然打動了財政大臣，拿到

一筆買畫的資金，讓英國國立美術館得以趁巴黎
頻頻遭到大炮轟擊、藝術品價格一落千丈的時
刻，以極為低廉的金額買到一批價值連城的畫
作。凱因斯自己也順道入手兩幅名家之作，豐富
了他的收藏。

　　只是凱因斯在職場上雖然一帆風順，他跟布
倫斯貝里藝文圈的摩擦卻與日俱增。布倫斯貝里
的這群人本來就不喜歡戰爭，認為大家都是文明
的現代人，遇到糾紛時正確的處理之道應是坐上
談判桌好好商量，而不是祭出「戰爭」這個最野
蠻、最暴力的手段。隨著戰局的拖磨耗損，他們
越來越討厭所有助長戰事進行的人，包括在財政
部工作的凱因斯。他們責備凱因斯，說他是助紂
為虐的劊子手，竟幫政府以最小的代價，完成最
大的殺戮。

　　這樣的譴責在 1916 年 1 月達到頂峰：英國政
府因應戰情，決定強制徵召十八歲到四十一歲的
單身男子入伍服役。布倫斯貝里的男性成員幾乎

都在徵召之列，於是他們全體根據兵役法規，以「良心反對執行戰鬥任務」為由，向法院聲請免除服役，不惜因此入獄。他們還逼凱因斯表態，施壓要他離開財政部。

雖然凱因斯不完全同意朋友對戰爭的看法，而且根據兵役法規定，只要他繼續留在財政部服務，就不會被徵召上戰場，但由於他向來認為人該有權利選擇做什麼和不做什麼，而「強制徵兵」這件事徹底違反他的信念，便也寄出了聲請免役的文件。至於辭職一事，當時重用凱因斯的長官對高層的軍費決策相當不滿，正在考慮請辭，凱因斯於是決定長官一辭自己就跟著辭，這樣一來，如果朋友因反對參戰進了監牢，自己也可以一起進去作伴。不過後來長官獲得慰留，凱因斯也就咬牙待下來，協助捍衛財政部的立場。

兵單陸續到來，布倫斯貝里的朋友一一上了法庭，陳述自己為什麼反戰。這時凱因斯發現留在財政部的好處了：他可以運用自己政府重要官

員的身分，為好友出庭作證，提高他們的勝算。
凱因斯的估計很正確，有他暗地裡的協助，加上
鍥而不捨的上訴，他的好友最後都免除了兵役，
而受到好處的朋友們，也不好再抨擊他，總算讓
他的日子清靜了點。至於凱因斯自己的免役聲
請，由於他這會兒已是財政部不可或缺的一員，
這麼重要的人才絕不能送到戰場上當炮灰，於是
主管當局審也沒審，就讓他免役了。

　　聽到這裡，憋了一肚子話的穎穎氣呼呼的
說：「我覺得凱因斯這群朋友真的很不夠意思，一

開始一直罵他，逼他趕快辭職，等到自己得到有大人物撐腰的好處時，就換個態度不罵了。嘖，我真不懂凱因斯為什麼要繼續跟他們做朋友。」

媽媽解釋說：「凱因斯會跟他們做朋友，自然是因為他們身上有很多他欣賞的特質啊！所謂『人無完人』，既然大家身上多多少少有些缺點，何不儘量彼此尊重、相互包容呢？」

「他們幾時尊重包容凱因斯了啊？不是一直罵他嗎？」穎穎嚷道。

「誰說他們沒尊重包容凱因斯了？」媽媽笑著反問。「凱因斯的缺點可多著呢，像是請客時很小氣，老害客人餓著肚子回家。他又很愛炫耀自己獲邀參加誰誰誰的晚宴，用什麼方法幫國家省了多少錢，令這些不是很在乎人間煙火的藝術家聽了很感冒。他有時還會因為工作壓力太大，忍不住衝著朋友發飆、說些蠢話，惹得對方火冒三丈。但即使這樣，他們的大門永遠為凱因斯而開，他們的友情並沒有因為意見不合而毀壞。被朋友

逼著辭職那陣子，凱因斯確實很
痛苦，可是到了後來，這些朋
友的住處竟變成他在戰時唯
一的避風港。總之，人與人
相處不可能永遠意見一致，
難免會發生爭執，但真正的
友情是經得起考驗的。」

　　1916 年底，協約國龐大的
軍費已經耗盡英國國庫，如今完
全是靠美國的金援才能繼續打仗，
可是英美雙方的政治關係卻每況愈下，終使英國
爆發了開戰以來最嚴重的金融危機。凱因斯一方
面希望財政壓力能迫使英國停戰談和，一方面又
要竭盡所能穩住局面，以免英國真的垮掉。他開
始覺得疲累，整個冬天連患三次重感冒，真是心
力交瘁。在這段黑暗的日子裡，唯一能讓凱因斯
喘口氣的，就是週五下班後開車到藝文圈朋友避
居的鄉下，跟朋友聊聊天，幫院子除除草，做些

不那麼花腦筋的工作。

不過，若說凱因斯不再能從財政部的工作裡得到成就感，那麼英國政治局勢的變化則令他感到絕望：一手提拔他的長官居然在大選時敗下陣來，主持大局的人換成了勞合‧喬治。凱因斯一心希望戰爭趕快結束，但勞合‧喬治向來堅持戰到贏得全面勝利；勞合‧喬治就任英國首相，代表戰爭還要繼續拖下去。

1917 年 2 月，德國為切斷協約國的補給線，重新啟動潛艇戰，連美國的商船都難逃炸沉的命運。美國總統威爾遜終於覺得兩邊不分出勝負，和平就不可能到來。同年 4 月，美國向德國宣戰，僵持許久的戰局天平開始傾斜。

英國政府因應美國加入戰局的新情勢，成立一個叫做 A 科的單位，由凱因斯作為領導人，全權負責英國的對外財政。在 A 科，凱因斯率領十七名科員努力工作，與財大氣粗、意圖取代英國成為世界金融中心的美國周旋。這時節，凱因斯

的能力發揮到極致，藉由
設法從美國銀行團取
得貸款、壓縮協約國
的鉅額軍費，彷彿
魔法師的化身般，
不斷不斷變出錢
來，總算沒讓英國政
府被軍費逼得破產。

　　戰爭的巨輪緩緩轉動，碾過了上千萬條人命。1918 年 8 月，德國最後的攻勢失敗，英軍開始反攻。9 月底，德國魯登道夫將軍要求停戰，以免德國全軍覆沒。11 月德國投降，第一次世界大戰終於落幕。

● ☆ ● ☆ ● ☆ ●

　　戰爭末期，凱因斯奉命估算德國能夠負擔多少賠償金，得到的答案是三十億英鎊。這個數字引起軒然大波，因為協約國賠償委員會心裡的數字是八十億英鎊；他們想藉由剝奪德國的一切，

彌補自身在戰爭中的損失，並支付龐大的軍費。就像勞合・喬治說的，這筆帳總要有人付；不是德國人，就是自己的國民。答案為何，根本一目瞭然。

1919 年 1 月，凱因斯代表英國財政部前往巴黎，協助處理戰爭過渡時期的援助事宜。當時德國政府手上還剩下的值錢東西，早被法國以支付未來的賠償為由強勢扣押了，而且由於國界遭到協約國封鎖，德國先前購得的糧食都卡在邊界無法進入。偌大德國，正面臨緩緩餓死的命運。

凱因斯應邀加入英、法財政專家組成的團隊，搭乘火車前往德國境內，看見了一片凋敝的景象。他為孩童的瘦弱程度深感震驚，害怕這樣普遍、嚴重的糧荒，會摧毀已經岌岌可危的德國政府，於是居中斡旋，三番兩次跟德國的金融家交涉，又回頭遊說己方人員，終於使雙方各退一步：德國交出船隻，協約國提供糧食。凱因斯甚至說動協約國提供一筆貸款，好讓英國能運送糧

食，援助同樣也在挨餓的奧地利。

　　但在這個小小勝利之後，為解決戰後各項問題而召開的巴黎和會，它的會議焦點便完全捲入戰爭賠償問題的漩渦。美國總統威爾遜反對讓德國承擔戰爭的所有代價，法國總理克里蒙梭卻主張嚴懲，絕不姑息；英國首相勞合‧喬治頻頻徵詢凱因斯的意見，心裡卻另有盤算。

　　凱因斯對此失望透頂，辭職的念頭縈繞不去，卻還想做最後一次努力。他很清楚英、法之所以執意要求高額賠償金，是因為他們需要這筆錢，來償還對美國的借款。換個角度想，如果美國能縮減債權，減輕英、法兩國的還款壓力，那麼這兩個國家或許就能減少對德國的賠款要求了吧。

　　循著這個思路，凱因斯為歐洲的重建工作，構築了一個目光遠大的計畫，可以同時滿足下述要求：縮減協約國的債務，恢復歐洲各國的金融運作，令美國取得龐大的出口市場，最後是讓戰敗的德國、奧地利取得資金餵飽人民。勞合‧喬

治對這個計畫讚賞有加，美國金融界代表卻拒絕
支持，凱因斯再怎麼足智多謀，終究無力回天。

5 月時，和約草案出爐，凱因斯看了大驚失
色，認為這麼嚴苛的條款，只會為協約國招來不
幸。勞合‧喬治也終於發現情況不對，害怕這些
條件會刺激德國採取激烈的報復行動，於是強烈
要求修改「每一條」條約。可惜，一切為時已晚。
克里蒙梭拒不退讓，至於威爾遜，當他已在過去
五個月裡，被說服得相信這樣的賠款條件很合理
時，有誰能讓他在短短五天內改變心意？

凱因斯心灰意冷的遞上辭呈，返回劍橋。當
巴黎和會於 6 月 28 日簽署凡爾賽和約時，他已開
始撰寫《和平的經濟後果》，控訴和約的種種不合
理、不人道之處，還預言這種和約一旦施行，將
造成什麼樣的可怕未來，最後提出了他自己的和
約修訂方案。

這本小書在 1919 年的耶誕節前上市，立刻在
英、美二國的書市造成轟動，並迅速譯成十二國

語言行銷各國，短短一年內總銷量就超過二十萬冊，成為當時的國際暢銷書，也被後世譽為 20 世紀具影響力的書。凱因斯也由此從區區一名劍橋大學經濟學講師、英國政府的幕僚人員，躍身成為全球知名人物。

媽媽翻過書頁，繼續說：「第五章，戰後的長期蕭條——」

「媽咪，妳講太快了啦。」穎穎急急打岔：「《和平的經濟後果》是本什麼樣的書，妳怎麼沒介紹呢？」

「嗯，我也很想知道凱因斯是怎麼寫《和平的經濟後果》的，明明這書的主題那麼無聊，居然還能變成國際暢銷書。」菲菲一副對「暢銷書的要件」很有心得的樣子。

「我怎麼知道你們會對這本一百年前的書感興趣呢？」媽媽咕噥了一句，將書往前翻。

　　「《和平的經濟後果》是一本充滿力量的書。在書裡，凱因斯用小說家的筆法，活靈活現的刻畫了巴黎和會三巨頭的嘴臉。他指控克里蒙梭一心要摧毀德國，令它永世不得再起，痛陳威爾遜空有崇高的十四點原則，卻沒有相應的交涉手腕；至於勞合・喬治，他毫無原則，沒有良心，滿腦子只想著要撈點好處討好英國選民，渾然不顧歐洲未來的安定。」

菲菲噴噴兩聲，「看來他罵得很凶啊！」

「但這本書可不只有罵人而已。」媽媽說：「凱因斯還以科學家的眼光，仔細分析為什麼將這麼龐大的債務強加在德國身上，只會導致德國，乃至整個歐洲的經濟持續衰退，成為共產主義*者的溫床。這邊有段摘錄很有意思：『人們不會總是默默死去。飢餓會讓某些人昏沉絕望，驅使另一些人鋌而走險。這些身處困境的人可能會顛覆殘存的組織*，而當他們試圖滿足個人的迫切需要時，文明本身就會沉淪──這正是我們現在必須集中所有資源、勇氣與理想來對抗的危險』。」

媽媽很感慨的總結說：「凡爾賽和約是注定要失敗的，但第一個看出這一點、建議全面修改條約的是凱因斯，而局勢的發展也證明了他的確

*共產主義：19世紀中葉由馬克思、恩格斯提倡的政治主張，以無產階級專政，廢除私有財產制為號召。

*殘存的組織：指當時政府。

相當有遠見，儘管他很可能寧願不要有這種證明。」

「為什麼？」

「因為第二次世界大戰確實如他所料的爆發了，人們也為此付出了更慘痛的代價。」

戰後的長期蕭條

　　戰爭改變了很多東西。若將觀察尺度拉長到凱因斯的一生，我們可以發現他學術研究的重心，包括他看待經濟現象的角度，就是在這時起了重大變化。不過對才剛辭去財政部工作的凱因斯來說，此刻最迫在眉睫的問題，恐怕還是決定接下來要做什麼吧。

　　凱因斯不討厭教書，但在受過大戰洗禮後，他再也無法安於平淡刻苦的教學生活。他跟國王學院打商量，表示想減少授課時數，今後每學期只開一門課。院方同意這份請求，不過為了善用凱因斯的財務專長，另外聘他為第二財務長，並在 1924 年升任首席財務長。在凱因斯的管理下，國王學院的院務基金增值了十二倍，使國王學院

一躍成為英國財務最健全的學院。

　　甩掉繁重的教學任務後，凱因斯前往倫敦找門路賺錢，以彌補因辭去財政部工作所失去的高薪。不久，一間北歐銀行找上門來，想聘他為董事長。這份工作很輕鬆，每週只需上一天班，年薪卻比他原本的薪水多了將近一倍！但凱因斯覺得自己對北歐的狀況並不熟悉，便婉拒了。後來，熱愛高風險事業的凱因斯，拿出《和平的經濟後果》一書所賺得的數千英鎊版稅，夥同在 A 科認識的股票經紀商福克，成立了一個基金，目標是買賣各國貨幣，利用戰後匯率﹡的急遽變化，賺取價差。投資人除了他自己、父母和弟弟外，還有布倫斯貝里藝文圈的朋友。

　　1920 年初，基金才剛投入市場兩個月就大賺 20%。投資人都笑得開懷，凱因斯更興奮得帶朋友去歐洲大陸採購一番，戰利品包括畢卡索、塞

﹡ **匯率**：國際貨幣間兌換的比率。

尚、雷諾瓦的畫作。只可惜好景不常，由於各國中央銀行一連串的措施，凱因斯的基金徹底賠光，還因此欠了福克一大筆錢。

令人驚訝的是，投資人對凱因斯的信心著實非比尋常，不但願意加碼繼續投資，還有人借錢給凱因斯，讓他得以清償欠款。凱因斯重作規劃，除了原本的貨幣投資，又涉足棉花、鋁、錫等商品交易，兼買賣一些股票。這次他相當成功，年底時就把借來的錢還清了。到了1922年底時，他不但把先前投資人虧掉的錢全都補回去，還大賺了一票。總的來說，凱因斯一生歷經三次慘賠，

最後都扳了回來，身後遺產若折算成今日幣值，大概有兩千萬美元，是經濟學家中排名第二的有錢人！

除了投資買賣外，凱因斯還因福克

的關係，加入了國家共同人壽保險公司的董事會，並在 1921 年時獲選為董事長，一直續任到 1938 年。由於保險公司的基金在凱因斯的管理下賺了非常多錢，倫敦金融界的其他公司也紛紛聘他擔任董事。最後這些金融投資、擔任董事、提供財務諮詢等工作所得，成為凱因斯最主要的收入來源。

「哇，沒想到凱因斯對賺錢這麼有一手！」菲菲好奇的問：「媽咪，他是怎麼辦到的啊？」

「信不信由妳，但凱因斯花在管理這些財務工作的時間，就只有每天早晨下床前的半個小時。」

「騙人的吧？」菲菲大叫：「每天花半小時就能有這種成績，那些投資專家知道了，不就都要慚愧死了？該不會……」她語氣一轉，壓低聲音說：「其實凱因斯手上有電視上說的什麼內線消息──唉唷！」

「妳在亂說什麼啊！」媽媽收回敲了

菲菲腦袋一記的書本，正色說：「凱因斯是很誠實的人，他可沒做過這種犯法的事。根據凱因斯的說法，他是仔細研究各個公司的財務報表，配合最新的財務金融資訊，再憑藉他的金融知識及直覺來下判斷，就這樣，每天輕輕鬆鬆花上半小時，就可以幫自己、還有代管的基金，賺上大筆財富。」

「可是，炒股票好像不太好吧？大蕭條時一堆人賠到連房子都沒了，凱因斯自己也慘賠過三次，他怎麼還敢做這種事呢？」穎穎問。

「這就跟凱因斯的性格有關啦！」媽媽笑著回答：「凱因斯本身頗具冒險性格，才會那麼喜歡買賣風險超高的股票、外幣與期貨。此外，凱因斯打從心裡認為，聰明的『市場』會懲罰不夠聰明的投資者，成功的投資者在大賺一票之餘，也會讓市場運作變得更有效率，所以他終身樂此不疲。」

拜暢銷書《和平的經濟後果》之賜，凱因斯

成了廣受報章雜誌歡迎的撰稿人。在 1920 年代的頭五年，凱因斯幾乎是有求必應，這一方面是因為他那時的經濟基礎還不穩固，需要大量稿費維持慣有的生活水準，另一方面是由於在巴黎和會時一連串失敗的溝通經驗，讓他深深覺得社會大眾（包括官員）的經濟知識很貧乏，急需學有專精的人來闡明這些抽象的經濟知識，剖析複雜的經濟狀況，並提出建言、形成輿論，以期影響政府決策。到最後，希望有固定發聲平臺的凱因斯，乾脆接管了《國家週報》，開始定期在週報上發表文章。雖然整體來說凱因斯的報業經營不太成功，一直需要他自掏腰包來維持報社的營運，但他在報上的專欄隨筆後來都集結成冊出版了，帶給他相當豐厚的收入。

凱因斯的私生活也在這時來了個大轉彎——一次去觀賞芭蕾舞團公演時，他對芭蕾舞星莉迪

雅・洛波柯娃一見鍾情。1922 年時的莉迪雅正當紅，每逢她演出芭蕾舞劇時，凱因斯一定會坐在觀眾席的前排，目不轉睛的看她跳舞。

1925 年 8 月 4 日，凱因斯和莉迪雅在倫敦舉行了婚禮。這對教授與舞星的結合雖然跌破世人眼鏡，但事實證明凱因斯確實慧眼獨具。這場婚姻帶給凱因斯渴望的愛情，給了他永不煩膩的幸福；他的身心從此有了依靠，整個人煥然一新，散發出前所未有的學術創造光芒。莉迪雅雖沒受過多少正式教育，卻天生聰明伶俐，不但是凱因斯的好妻子，更時常給予他安慰與鼓勵。她對凱因斯的愛慕終生不減，即使凱因斯晚年病痛纏身時也依然如此。

婚後隔年，凱因斯買下了提爾頓農莊，作為長假時休憩的地方，幾年後才發現這片土地在一千年前曾為凱因斯家族所有。農莊主宅只有二層樓高，坐落在數公頃的草地上，周圍有果園與樹林環繞，遠方隱約可見英吉利海峽。凱因斯最重

要的兩本學術著作，就是在這裡寫成的。

　　因為莉迪雅的關係，凱因斯的倫敦住所很快成為眾多舞蹈家、演員、舞臺工作者的聚會地點，凱因斯更在 1930 年資助莉迪雅成立卡瑪戈協會，並協助管理協會的財務。當時英國經濟正陷入蕭條，卡瑪戈協會堅守崗位持續推出芭蕾舞劇，不但讓眾多舞蹈家的生活得以維繫，更保住了俄國芭蕾舞在英國的一線生機。1933 年，卡瑪戈協會結束營運，將資產轉移給維克—威爾斯芭蕾舞團，而這個舞團正是日後享譽全球的英國皇家芭蕾舞團的前身。

　　同年 11 月的某一天，凱因斯寫信給莉迪雅：「今天我講了一堂很精彩的課，心情愉快下，我突然有個念頭，想為國王學院興建

一座小巧時髦的劇院。倘若未來真的落成，妳願意出席首演嗎？」三年後，凱因斯獨資興建的劍橋藝術劇院終於盛大開幕，此後各式戲劇、舞蹈、歌劇演出不輟，至今仍是劍橋重要的表演場地。

第二次世界大戰期間，凱因斯除了免費出借畫作供社會大眾欣賞外，還發揮他對政府單位的影響力，協助成立了大不列顛藝術委員會，並獲選為第一任主席。藝術委員會的主要工作是資助英國的藝術活動，戰後首先獲得補助的是科芬園皇家歌劇院。科芬園是英國首屈一指的戲劇、歌劇、芭蕾舞表演會場，卻在戰時淪為舞廳，直到獲得藝術委員會的補助才得以洗去戰時的風霜。

1946 年 2 月 20 日，科芬園重新開幕，象徵著即使戰爭造成許多傷痛與損失，卻還是有美好的東西倖存了下來。凱因斯和莉迪雅以主人之姿，在科芬園接待英王喬治六世與王后，當晚臺上演出的芭蕾舞劇《睡美人》，正是多年前凱因斯追求莉迪雅時，在劇院觀看她演出的那一齣。

當凱因斯的生活只能用「稱心如意」一詞來形容時，英國又一次陷入了經濟危機。第一次世界大戰後期，由於物資相當匱乏，英國政府實施商品管制政策，使得社會大眾空有錢卻沒東西可買。等到戰爭結束、管制取消，很久沒能好好買東西的民眾立刻展開瘋狂大採購。這種對各式產品突然湧現的需求，再加上當時銀行利率很低，讓人很樂意借錢來花用，最後竟造成嚴重的通貨膨脹，物價一年間足足上漲了50％！

　　為了遏止通貨膨脹，英國政府決定提高銀行利率、開徵新稅，回收市面上的金錢，而這兩項措施的效果也確實立竿見影，很快就平息了通貨膨脹。英國政府本該就此收手，卻為了讓英鎊幣值回到戰前的高價，而維持高利率政策。不過數月，英國物價開始大跌，企業陸續破產或停工，失業率節節高升，到了 1923 年中，失業人口已達一百三十多萬，約占勞動人口的 11%，這在當時是個高到難以想像的數字。

　　媽媽讀到這裡，眼角瞄到穎穎半張著嘴、一臉傻愣愣的樣子，知道他完全沒聽懂，便說：「所謂的『通貨膨脹』，是指在一段時間內，物價持續上漲的現象。物價上漲 50%，代表原本賣一百元的東西，現在要花一百五十元才能買到了。到這邊能明白嗎？」

　　穎穎想了想，然後點點頭。「可是為什麼會發生通貨膨脹呢？一年就漲了 50%，這也太可怕了。」

　　媽媽解釋：「『通貨』是指在市面上流通使用的硬幣或鈔票。通貨膨脹的產生，主要是由於『市面上的通貨太多，能購買的物品卻太少』——要知道，只要有紙、有印鈔機，政府想有多少鈔票就可以印多少鈔票，但物品的產量卻不可能同步增加。當一堆錢追逐著少許的物品，把價格越炒越高時，錢就相對的變得越來越不值錢，情況最嚴重時，甚至整個貨幣體系都會崩潰，退回到以物易物的交易模式。

　　「例如德國，1923 年通貨膨脹最嚴重時，四兆五千億德國馬克才等於一美元，一整個手推車的德國馬克只夠買一條麵包，有人乾脆把這不值錢的鈔票拿來當柴燒。最近的例子則是辛巴威，2008 年的物價較前一年上漲超過兩百萬倍，辛巴威政府當年 5 月才剛發行面額一億和二億五千萬的鈔票，等到年底時，新鈔面額竟

已高達一百兆！不過實際運用起來，這麼大面額的鈔票也只能買到兩根香蕉。」

穎穎扳著手指數了半天，實在算不清一百兆到底有幾個零，忍不住感嘆：「我想辛巴威的小販收到這種大鈔一定很頭大，找給客人的錢說不定還要另外拿個大塑膠袋來裝。」

菲菲也補了句：「搞不好印鈔票的那張紙，都還比那張鈔票能買到的東西值錢呢！」

「所以囉，為了避免錢變得沒有價值，直到第一次世界大戰前，西方各國實施的都是『金本位制』，除了市場交易使用金幣外，還規定國家手上有多少黃金，才可印製多少鈔票，而這每一張鈔票都保證可以兌換成等值的黃金。由於各國貨幣都等同於特定比例的黃金，換算上非常方便，幣值也很穩定，使得歐洲在某個層面上形同實施單一貨幣制，並由擁有最多黃金的英格蘭銀行調節貨幣供應量，英國於是成為當時的世界金融中心。」

媽媽喝口水潤潤喉後繼續說：「第一次世界大戰爆發後，為了購買武器與軍糧，歐洲各國紛紛拋開國庫的黃金存量，開始狂印鈔票，金本位制便瓦解了。狂印鈔票的後果，一是在國內造成通貨膨脹；二是使匯率變得很不穩定。然而就像凱因斯說的，『金錢的重要性，在於能換到多少東西』，一國的幣值若不穩定，便無法確定一筆錢到底能換到多少東西，將使得企業家不願意投資、存款人不願意儲蓄，經濟也將無從發展。所以戰後英國為了穩定幣值、復甦經濟，再加上對往日榮光的懷想，決定重返金本位制。而重返金本位制的第一步，正是逐步將英鎊價格拉回到戰前的水準。」

菲菲很疑惑的問道：「這麼做有問題嗎？」

「問題可大著呢！由於大量黃金已隨軍費開銷流入美國，手上黃金不多的英國為了吸引黃金回流，支撐英鎊價格，只好祭出銀行高利率政策。但銀行利率一旦提高，人民就會想把錢通通存進

銀行。當市面上流通的錢越來越少，將導致同一筆錢能換到的東西越來越多，也就是出現物價持續下跌的現象，我們稱之為『通貨緊縮』。」

菲菲不太確定的問：「好像跟『通貨膨脹』相反？」

「是相反沒錯，」媽媽回答。「在通貨緊縮的環境裡，消費者發現『東西越晚買越便宜』，很自然就延後了消費。廠商眼看產品乏人問津，先是努力壓低成本、調降售價，等成本再也壓不下去，利潤越來越薄，甚至開始虧錢了，只好減少生產，解僱員工，以求損失不再擴大。至於原本就負債的人或企業，他的債務會隨著通貨緊縮『自動』增加，更加還不出錢來，最後被逼得破產。再加上高英鎊價格使英國產品在國際上缺乏競爭力，英國經濟從此欲振乏力。

「簡單來說，通貨膨脹讓領固定薪水的人，日子變得很難過；通貨緊縮則令經濟形同一灘死水，讓整個社會慢慢陷入貧窮，兩種現象都是不

好的。當時英國政府為了重返金本位制，讓英國陷入通貨緊縮，這在凱因斯看來著實是樁不合算的買賣。此外，穩定幣值難道只有實施金本位制這個方法嗎？」

　　凱因斯認為「不是」。打從處理印度的通貨問題開始，他研究貨幣這門學問已經超過十年，戰時財政部的工作經驗更讓他對貨幣的角色與力量，擁有旁人所沒有的了解。1923 年 12 月，他發表《貨幣改革論》一書，總結了過去三年來，他對貨幣理論、貨幣實踐與貨幣政策目的所做的思考。在書裡，他強力主張政府應該拋棄金本位制，而由中央銀行視經濟情況的需要，主動增加或減少貨幣供應量，以避免通貨膨脹與通貨緊縮的發生，維持物價與幣值的穩定──這個觀點正是現代貨幣政策理論的核心。他也希望政府能一改傳

統的「自由放任主義」，著手「積極管理」經濟活動，這份呼籲奏起了凱因斯革命的第一聲號角。

英國政府並未聽從凱因斯的建議。這一方面是因為擁有光榮歷史的金本位制，不可能輕易放棄；另一方面是由於英國打從 18 世紀亞當・斯密發表《國富論》以來，就一直信奉自由放任主義，也就是「政府放手讓經濟自由運作，經濟便會自行發展到最繁榮狀態」，這份信仰著實根深蒂固，難以搖撼。

社會輿論則認為凱因斯這本書雖然寫得非常好，但他的主張卻是個危險的提議。他們說，放棄有形的基礎（即黃金），去依靠不一定可靠的人類判斷（即中央銀行的主動干預），這難道不是災禍之源嗎？看看德國，他們亂印鈔票的悲慘下場，難道不足以為世人警惕？再者，就像亞當・斯密說的，市場是隻看不見的手，可以完美分配資源，使社會大眾得到最大的利益。經濟蕭條確實時有發生，但既然景氣會自動恢復繁榮，大夥何不就

堅強點，把蕭條當作一種汰弱留強的機制呢？如此政府又何必多管閒事？

　　1925 年 3 月 17 日，凱因斯獲邀參加財政大臣邱吉爾的晚宴，這是他說服政府放棄實施金本位制的最後機會。那天晚上，辯論進行到半夜，仍然沒有結論。最後邱吉爾問前任財政大臣麥金納：「根據目前情勢，你會做什麼樣的決定呢？」

　　麥金納回答說：「沒有別的路可走，只能回到金本位，但那將是地獄。」

　　爭論結束。同年 4 月 28 日，邱吉爾發表演說，宣布英國重返金本位制，英鎊價格定在戰前的高水準。三個月後，凱因斯將他對政府這項決策的批評，整理成《邱吉爾先生的經濟後果》一書發表。書一上市便銷售一空，而英國經濟情勢的後續發展，也證明凱因斯的預測完全正確：高價英鎊政策重挫英國的出口貿易，煤、鋼鐵、紡織、造船等傳統工業不支倒地，北方工業城長期蕭條，失業盤據，與以金融業為主體的富裕南方

形成明顯對比。

　　當煤業主為了讓煤價具有國際競爭力，必須壓低成本，而開出減薪的要求時，生活已經相當艱難的煤礦工人，終於被逼得群起罷工抗議。這樣的罷工持續一年，過程中的種種衝突凱因斯都看在眼裡，於是省思到經濟蕭條對社會穩定的威脅。他從更宏觀的角度來看問題，認為資本主義*最大的威脅不是貧富不均，而是「不穩定」；當經濟忽起忽落，使人蒙受毫無道理可言的損失時，努力工作、節儉生活、運用創意以求成功的優良美德都會受到損害，而使社會陷入動盪。

　　「自由放任的時代結束了！」凱因斯大聲說。在過去，英國政府抱持的自由放任主義，確實使站在金本位制上的英國經濟，達到空前的繁榮，

＊**資本主義**：一種政治經濟制度，又稱「自由市場經濟」。在這個制度底下，大部分的資產為私人所有，其投資決定也由個人主宰，追求賺取最多的利潤，政府完全不加以干涉。但今日世界受到凱因斯主義的影響，政府會適時以國家的力量介入經濟，規劃國家整體經濟運作。

但這種成就是建立在當時國際和平、世界貿易自由、英國為世界金融中心、物價與匯率皆穩定的條件下的，而在第一次世界大戰後，那些條件都已成為歷史陳跡。如今，金本位制確實如英國財政部預期的，創造了一個穩定的經濟環境，但由於種種條件的缺乏，使得這種穩定存在著「長期蕭條、大量失業」的情況，令很多人的生活無以為繼。為了打破這種表面的穩定，凱因斯認為有必要採取「極端措施」，於是大力鼓吹政府舉債推動大規模公共建設，以減少失業率，刺激經濟──這種政府應當干預經濟，將經濟拉出蕭條的主張，正是日後凱因斯革命的主旋律。

　　挽救經濟蕭條的藥方已經開出，只等病人把藥吃下去。凱因斯為了落實理念，解決當前嚴峻的經濟問題，決定與昔日政敵勞合・喬治攜手合作，不惜被老長官指為「叛徒」。他幫勞合・喬治規劃戰勝失業方案，還在外界質疑這套方案的成效時，一連寫了兩本小冊子為方案辯護。遺憾的

是，1929 年春，勞合・喬治競選首相失敗，凱因斯的願望無從實現。

1929 年冬，受美國股市大崩盤的影響，英國經濟更是雪上加霜。不過凱因斯持續在報刊雜誌上的說明與呼籲，終於在這時引起有力的迴響。英國政府成立了「財政與產業委員會」，邀請凱因斯前去解釋他對當前財政情勢的看法，並提供

可能的解決之道。

在長達一年的會議裡，凱因斯大顯身手，舌戰群雄，幾乎說服了與會的所有銀行家、企業領袖、政府官員與經濟學家。他還根據當時的國內外條件，提出七項補救方案。至於哪個方案最好呢？凱因斯的回答是：「有些方案比其他的更好，

但幾乎所有方案都是朝正確的方向前進⋯⋯對我來說，『消極』才是最不可原諒的態度，因為這種態度否定了所有的補救方案。」

　　凱因斯的努力終於得到回報。會後簽署的正式報告裡，不但將他鼓吹已久的公共工程計畫列為建議方案，還有一行小字提及「讓英鎊貶值」——凱因斯終於撼動了政府對金本位制的信仰！很可惜的是，在委員會上好不容易取得的共識，卻被英國隨後爆發的財政與政治危機給淹沒。凱因斯理念的實踐，仍得靜待時機。

　　1930 年 10 月，凱因斯費時七年寫成的《貨幣論》終於出版。這部長達七百頁的龐然巨著，除了完整說明貨幣體系的運作機制外，更嘗試解釋一個困擾歷代經濟學家許久的問題：經濟為什麼有時繁榮、有時衰退？書中哲學或許可以這段話作為代表：「人多以為世上財富是透過節制當前的消費，也就是所謂的『節儉』，而辛苦累積起來的。但事實很明顯，光憑節儉本身並不足以建

立城市或開闢田園……建設並改進世界財富的是創業心。當創業心蓬勃活躍，不管是否節儉，財富都會累積；當創業心休眠不動，無論如何節儉，財富都會萎縮。」

媽媽顯然很欣賞這段話，但菲菲、穎穎兩人面面相覷，總覺得這話裡大有問題。最後菲菲代表發問：「媽咪，不是說『大富由天，小富由儉』嗎？為什麼從凱因斯這段話聽來，好像節儉……一點都不重要？」

「不是節儉不重要，而是對一個人重要的，不表示對整個國家也重要。」媽媽解釋說：「一個人節儉，會讓他自己慢慢富裕起來，但若整個社會都節儉，那這個國家的經濟可能就完蛋了。」

「為什麼會這樣？」菲菲、穎穎聽了都很驚訝。

「簡單的說，這是因為『節儉儲蓄的』跟『投資創業的』，是兩群不同的人。」媽媽說：「在現代社會中，一般人工作領薪，節儉生活，將剩下的錢存進銀行，賺取利息；想創業的人則透過銀行，取得創業資金，然後買入設備、僱請員工，努力提供消費者想要的服務或產品，以求成為大企業家。菲菲啊，說說妳從這裡發現了什麼？」

菲菲不太有信心的邊想邊說：「嗯……就老闆發薪水給員工，員工拿薪水去買生活用品，剩下的存進銀行。存進銀行的錢會被別人借去開公司，而人們拿去買東西的錢，則變成產品生產公司的收入，然後公司才有錢付給員工薪水……哇，錢一直在這兩群人之間流動呢！」

媽媽打個響指。「答對了，這種金錢的循環流動，就是現代經濟的特徵。好啦，現在問題來了。一個人減少花費，努力存錢，慢慢的他就有錢起來了，但要是大家都減少花費、努力存錢，廠商

生產出來的東西又要賣給誰呢？」

　　菲菲懂了，接口說：「當廠商的東西都賣不掉，也只好減薪或裁員了。遭到減薪或失業的人是不敢花錢的，而當不敢花錢的人越來越多，廠商的東西也就越賣不掉……真可怕，這是個惡性循環啊！」

　　「所以凱因斯才會那麼著重創造一個能讓『創業心』蓬勃發展的環境，因為社會需要活躍的創業心，才能讓大家都有工作做，有收入領，整個社會的經濟也才能長保活力。」媽媽做出結論。

　　這時穎穎突然想通了，開口說：「所以只要我們能想出辦法，鼓勵有創業心的人去開公司、僱很多員工，員工領到薪水，就可以買很多東西，讓廠商有錢賺……這樣循環下來，經濟大蕭條的問題應該就可以解決了吧？」

　　「穎穎聰明，說到重點了。」媽媽高興得捏捏他的小鼻子。「不過我們還是來看看凱因斯是怎麼想的吧。」

06

凱因斯革命的勝利

　　凱因斯在《貨幣論》裡，詳細描述了「儲蓄」與「投資」的關係，還有「利率」如何調整物價，影響景氣的榮枯。舉例來說，當銀行裡的儲蓄很多時，利率應該會下降，以鼓勵人們把錢借出去投資或花用；而當利率低到一個程度，投資者應該就會燃起投資的動力，把錢借出來投資。然而，這種「利率升降可以調節景氣榮枯」的古典經濟學＊理論，很快就被嚴酷的現實給擊潰。

　　1931 年 9 月，大量失業帶來的痛苦持續升高，加上從美國蔓延到全球的蕭條情勢越演越

＊**古典經濟學**：在凱因斯理論出現前的經濟學思想流派，主要承襲亞當·斯密的思想傳統。

烈，英國終於耗盡國庫裡的
黃金，金本位制宣告失
守。然而即使英鎊一口
氣貶值 26%，利率從
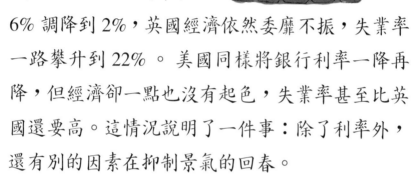
6% 調降到 2%，英國經濟依然委靡不振，失業率
一路攀升到 22%。 美國同樣將銀行利率一降再
降，但經濟卻一點也沒有起色，失業率甚至比英
國還要高。這情況說明了一件事：除了利率外，
還有別的因素在抑制景氣的回春。

　　問題的答案已在凱因斯心裡醞釀許久，但直
到 1932 年，他才終於能把答案的輪廓清楚的勾勒
出來：社會的「總收入」與「總支出」其實是相
等的；當社會的總支出減少，則透過總生產的減
少，也就是就業量的減少，來使總收入下降。如
果總支出持續少於總收入， 社會將逐漸陷入蕭
條。

　　穎穎的兩隻眼睛已經變成蚊香眼了，菲菲高
舉雙手拚命揮舞，嚷嚷著：「救命啊！救命啊！這

裡有兩個小孩快被超級抽象的經濟學理論給淹死啦！我們急需白話文來解救啊！」

媽媽格格一笑，「瞧妳皮的！好啦，讓我想個小朋友也能理解的說法。」

她想了一會兒後開始說：「還記得我們剛剛說到的金錢循環流吧，基本上，整個經濟體系的運作，說穿了也不過是金錢不停的從這一手轉到那一手的過程。我們領薪水、消費之後，沒花掉的錢就變成儲蓄，會透過銀行或股票、債券等管道，流入企業手裡進行投資，再回到市場成為別人的收入。如此循環往復，整個社會的支出與收入相等，經濟也就運轉順暢。

「但麻煩在於，儲蓄不會『自動』變成投資。企業只有在擴大營運時，才會需要動用那些儲蓄。那什麼時候企業會想擴大營業呢？當他們覺得有利可圖的時候。於是，當經濟前景一直未明，不管企業主是『真的』找不到好的投資項目，或只是『覺得』時機不對、不適合投資，金錢的循

環流都會慢慢堵塞。於是，當
企業的生產規模越來越小，
每個人的收入跟著越減越
低，經濟蕭條也就發生了。」

　　菲菲的反應很快，緊接
著說：「而且在這種時候，利
率不管調到多低都不會有用，因
為企業根本就不打算擴大營運。」

　　「沒錯，這就是所謂的『流動性陷阱』。當一
個經濟體掉進流動性陷阱時，就算把利率降到
零，也不能使銀行貸款、廠商投資、民眾消費，
因為對未來感到悲觀的他們，都寧可把錢緊緊握
在手裡，認為這樣做最安全有保障。因此我們需
要一個全新的方法，來中止這種惡性循環。」

　　1936 年，《就業、利率與貨幣的一般理論》
出版了，後世將這本書與亞當・斯密的《國富
論》、馬克思的《資本論》，並稱為經濟學的三大
經典。在書裡，凱因斯這個史上第一位從社會的

總就業與總生產來觀察經濟變化的學者，不但定下後來稱為「總體經濟學」的大架構，還解釋了長期蕭條的成因，更提出了解決方案。

凱因斯認為，傳統觀念是錯的。經濟蕭條一旦發生，有可能不會自動恢復。因為當經濟持續蕭條，民眾收入日漸減少，他們哪來餘錢儲蓄？既不儲蓄，銀行又哪來低利率的資金借給投資者？而看不到獲利可能的企業主，又怎會想借錢來擴大營運、招募更多員工？若想中止蕭條的惡性循環，讓企業恢復信心、開始投資，民眾恢復就業、得以消費，唯有政府站出來進行公共投資，彌補民間投資不足的缺口。但這麼做為什麼有效？它的理由何在？

早在 1920 年代中期，凱因斯就已主張經濟蕭條時政府應舉債進行大規模公共建設，以降低失業率，他所持的理由是：「工資」是自己賺來的，會讓人對自己更有信心；當失業勞工拿到的是工資而不是失業津貼時，他們會比較願意花錢，而

使停滯不動的市況*得以活絡；這種活絡的市況將帶來更繁榮的經濟，因為繁榮的力量就跟蕭條一樣，具有「累加的效果*」。

攻擊凱因斯主張的聲浪當然存在，尤其是信奉「平衡預算」這項金律的財政官員。他們認為，政府若採納凱因斯的建議，預算將出現赤字，而持續的預算赤字會使政府陷入還款地獄中，終有一天政府會破產。凱因斯滿不在乎的回說，那又怎樣？經濟衰退時，政府的稅收本來就會減少。這時政府若想維持預算平衡，不是要加稅，就是得裁減支出，而這兩項做法都會進一步扼殺經濟。正確的處理方式是，當經濟衰退時，政府應

---

*市況：市場上的貿易情形。

*累加的效果：1931 年，凱因斯的學生卡恩 (Richard Kahn) 運用數學算出一個可以用來計算累加效果的「乘數」。假設勞工所得有一半被花掉，那麼乘數就是二，這個數字表示，政府每投資一百萬元，最先收到這一百萬元的民眾花掉一半收入，讓別人得到五十萬元的收入，而收到五十萬元的這群人又花掉一半收入，讓另一群人得到二十五萬元的收入。如此層層滾動下去，最後創造所得總計為二百萬元，正好是最初政府投資額的兩倍。我們用以評估刺激景氣方案成效的，正是卡恩的這項偉大發現。

該容許財政赤字，增加公共投資；等經濟恢復繁榮，人民再多繳些稅，讓預算有盈餘。他高喊口號：「管好失業問題，預算自然會管好自己！」

《就業、利率與貨幣的一般理論》這本書，提供了凱因斯革命的理論基礎，但其實早在 1934 年，美國政府就已開始實踐這個理論。1929 年到 1933 年，美國政府的年度總支出約在一百億美元。1933 年，羅斯福就任美國總統，推行了一系列從救濟窮人到改革金融體系的政策，也就是「新政」，使政府總支出在 1936 年時提高到了一百五十億美元。結果民間投資從谷底翻身，恢復了 2/3 的規模，失業率也有所改善，但還有多達九百萬人沒工作。

沒錯，這方法的效果似乎不太好，但原因可能出在美國企業把政府的公共支出視為威脅，而不是協助，於是一旦經濟稍有起色，企業就齊聲反對政府干預。此外，美國的中央銀行（也就是「聯邦準備理事會」，簡稱「聯準會」）畏懼通貨

膨脹更甚於失業，竟在經濟尚
未完全脫離谷底時，制訂了
「限制」銀行放款的政策，
於是才剛復甦的經濟又立
刻垮了下去。

嚴格說來，直到為第二次
世界大戰重整軍備前，凱因斯的理論在英國雖然
贏得了知識分子與社會大眾的支持，卻不曾真正
成為政府的施政方針，美國的新政也只有部分符
合凱因斯的理念。但有一個國家以某種變化的形
式，驗證了凱因斯理論的威力，那就是希特勒治
理下的德國。

● ☆ ● ☆ ● ☆ ●

凡爾賽和約的簽署，令德國失去大量領土與
人民，喪失保衛國家的力量，還背負龐大的戰爭
債務。雖然 1924 年時一批來自美國的貸款，幫助
德國搖搖欲墜的經濟重新站起，但隨著經濟大蕭
條的到來，美國抽回了在德國的投資，使得德國

的工業生產瞬間大減 40%，失業率驟然突破 30%。事實上，在這一波全球經濟衰退潮中，就以德國的災情最為慘重。

受挫的民族自尊心、無望的經濟前景，為希特勒鋪好了上臺的階梯。1933 年，希特勒被任命為德國總理。他誓言恢復德國往日的光榮、修正世界秩序，一就任便悍然宣布不再清償戰爭債務，同時實施一套拯救失業的四年計畫。他一方面猛印鈔票，誘發通貨膨脹，強迫民眾消費；另一方面則進行大規模徵兵，並將失業勞工引入兵工廠工作，不到四年時間就成功將德國改造成一臺戰爭機器。1938 年，德國出兵併吞奧地利和捷克，1939 年入侵波蘭，同年，第二次世界大戰*爆

＊第二次世界大戰：是人類目前史上規模最大、傷亡最慘重的戰爭，根據估計，超過一億名軍事人員參與戰爭，並付出六千多萬條人命的代價。為了贏得勝利，各交戰國紛紛將整個國家的經濟、工業、科技資源投入戰爭，也首次將民用與軍用資源合併規劃運用。交戰國最後分成同盟國與軸心國兩大陣營。同盟國主要由法國、波蘭、英國、美國、蘇聯與中國組成；軸心國則有德國、日本及義大利。

發。

　　凱因斯自 1937 年心臟病發後就不得不長期靜養，進入半退休的狀態。他不再教課，也幾乎沒有出席會議，但每天仍撰寫大量信件以管理名下的基金、處理劇院事宜、關心世界局勢的變化，還有大把時間與批評他理論的人打筆戰。莉迪雅辭去了戲劇表演工作，將全副心思投注在照料凱因斯上。她嚴格遵照醫生指示安排凱因斯的作息，盯著手表計算客人待了多久，時間一到就下逐客令。

　　戰爭的到來迫使凱因斯拖著病體為國家服務。他沒有正式的官銜與職位，也沒有固定的上班時間，但他的辦公室就坐落在財政大臣辦公室的隔壁，並在實質上主持財政大臣的工作。他殫精竭慮穩住國家財政，努力籌措經費好讓英國能繼續打仗，還在百忙之中抽空寫了《如何籌措戰費》一書。

　　如此危急存亡之秋，學界、政界對凱因斯理

論的異議聲全都止息。政府支出因應戰爭準備大
量增加，以擴充海港與基地，建造兵工廠。受此
影響，英國的失業率到了 1939 年時，便已從 15%
的高檔降到 4% 以下，到處都有企業主開缺招募
技工與工程師。

　　1940 年 8 月起，當倫敦頻頻遭到德軍空襲
時，凱因斯每天在財政部的地下辦公室工作長達
十八小時，工作項目是規劃英國的財政政策，以
適應戰時的需要。在這裡，他親眼看到自己鼓吹
了好多年的論點得到施行，興奮的告訴母親：「這
是真正的公共財政革命！」隔年 5 月，他以使節
身分搭機赴美，任務是從尚未涉入戰爭的美國那
裡籌到錢（之後他還有五次同樣目的的出訪），而
此行的另一個收穫是讓他見識到
了美國的凱因斯派學者。

　　由於在第一次世界大
戰時蒙受大量傷亡，美國從
此打定主意，再也不要犧牲

國人的生命、財產去介入歐洲人的戰爭。不過成
為民主陣營的大型兵工廠自有其利益，美國欣然
接下來自英國價值超過五百億美元的軍需品訂
單，啟動了閒置已久的工廠設備。等到美國因應
局勢轉變，開始全面備戰時，暴增達一千零三十
億美元的政府開支，一掃纏綿整個 1930 年代的蕭
條局面，失業率瞬間降低到零，還造成了通貨膨
脹——這在美國年輕一輩的經濟學家眼裡看來，
恰恰證明了經濟的運作模式，確實跟凱因斯在
《就業、利率與貨幣的一般理論》裡說的一模一
樣。等到 1941 年，這些信奉凱因斯主義的戰時官
員，已經掌控了美國幾乎所有重要的財政相關單
位。

　　當凱因斯帶著莉迪雅來到紐約時，迎接他們
的除了美國官員外，還有亮閃閃的鎂光燈。我們
不能說凱因斯征服了美國，因為他在《和平的經
濟後果》裡對威爾遜總統的攻擊，至今仍令許多
美國人耿耿於懷，而且美、英兩國的利益也是相

互衝突的：英國想要美國廉價供應戰爭所需的資源，美國想要榨乾大英帝國的所有資金。由於美國具備壓倒性的優勢，凱因斯的成果相當有限，但作為凱因斯經濟學派的創始人，還是令他在與美國財政單位的溝通上，得到了善意的回應。

至此，凱因斯對英國政府與民意的影響力達到空前的高峰。在財政部裡，他雖僅有顧問之名，但實際上所有官員都以他馬首是瞻；出了財政部，他是經濟思想革命的領導者，追隨者遠達大西洋彼岸。他不但是個理論家，更是個積極樂觀的行動者，他的《就業、利率與貨幣的一般理論》又有極高的彈性，不管用在經濟蕭條的環境還是通貨膨脹的情況裡都相當適宜。最後，在 1942 年 6 月，凱因斯獲封男爵，這一方面是對他在前次大戰所建功勳的遲來補償，另一方面則是褒揚他對國家的貢獻永不磨滅。

大戰持續進行，隨著美國的參戰，戰局慢慢明朗起來。同盟國的勝利在即，如何收拾殘局便

成為所有希望和平永存之人的關注焦點。凡爾賽和約的失敗歷歷在目，這場犧牲了六千多萬條人命的慘烈戰爭，終究是因那些不公不義的條約而起。記取教訓的戰勝國不打算重蹈覆轍，而是希望藉由各國的通力合作，重建毀於戰火的國家，並建立一個有利全球經濟發展的環境，以免戰後經濟蕭條捲土重來，摧毀得來不易的和平。

　　腦子裡永遠有計畫的凱因斯，這時又有了一個新計畫，那就是後來著名的《布列頓森林協定》。

　　1944 年 7 月，布列頓森林會議在美國新罕布夏州的華盛頓山飯店裡召開了。在凱因斯與美國財政次長的主導下，來自四十四個國家的七百三十名代表，同意用一個以美元為中心的國際貨幣體系協定，取代過去的金本位制，史稱「布列頓森林體系」。與會者還同意成立「國際貨幣基金」與「世界銀行」兩個組織，前者作為國際金融體系的管理機構，負責穩定匯率；後者的任務主要

在推動發展中國家的經濟發展，以圖消滅貧窮，降低區域不安與戰爭爆發的可能性。此後二十五年，凱因斯主義的威力透過布列頓森林體系席捲全球，令實施資本主義的先進國家享受到前所未有的繁榮，不但失業率降到空前的低檔，各國的國內生產毛額＊更是穩定增高，景氣循環的高峰低谷似乎也得到了弭平。

但布列頓森林會議的談判過程既漫長又艱辛，凱因斯主持會議的步調越來越快，顯示他已經累了，想要早點忙完好回去休息。他的心臟病輕微發作了好幾次，所有人都能感覺到他的健康亮起紅燈。7 月 22 日的閉幕晚宴上，凱因斯的背彎得比平常更屬害，臉色慘白，但神情顯得很愉快。當他慢慢走向主席臺時，與會者全體起立等他入座，默默表示崇敬；當他說完「我們若能由此一任務開始，繼續完成更偉大的任務，世界就

＊**國內生產毛額** (Gross National Product)：是指特定期間內，一個地區或國家的全體人民，所生產出的最終商品與勞務的市場價值。

有希望」時，全場為他起立歡呼。

　　1945 年 9 月，凱因斯再度赴美，代表瀕臨破產的英國進行談判。此時他的身體狀態已經危在旦夕，莉迪雅守在他身邊，常常暗自垂淚，遠在倫敦的政府高層卻不知談判人員的勞苦，一再提出美方不可能接受的條件。但凱因斯成功施展了「魔法」！他花了三個月的時間，以高雅的談吐、名士的風範、豐富的學養，周旋在美國官員、企業家與銀行家間，最後取得一筆總金額高達四十四億美元、利息卻只有 2% 的貸款，讓英國得以從事戰後重建工作。

●　☆　●　☆　●　☆　●

　　「1946 年 4 月 20 日星期六，凱因斯覺得身體狀況還好，便跟莉迪雅一起去散步。」媽媽的聲音很輕，速度很慢，暗示著人生最後那一幕的到來。「在小徑上，他彎下腰，熱切的跟莉迪雅解釋一首詩的意旨，結語是『不用擔心，神聖的公正總是存在的』。第二天早上十點，莉迪雅為他端

了杯茶來，卻見他半躺在床上，淘氣的做了個鬼臉，然後就昏厥過去，再也沒有醒來。

「弔唁的信函如雪片般飛來，《倫敦時報》的長篇訃聞寫道：『他的逝世，使國家失去一位偉大的英國人……他是一個真正有人道關懷的人，誠心獻身於人類的幸福。』他高齡九十的雙親出席了他在西敏寺的喪禮，而他的骨灰，灑在他最愛的提爾頓高地上。」

媽媽闔上了書。

菲菲默默擦著眼淚，穎穎也紅著眼眶，媽媽做了幾次深呼吸，才能再開口說話：「跟其他經濟學家比起來，凱因斯顯得格外重視經濟政策，並強調政府應盡一切努力恢復經濟的穩定。他總想透過經濟政策的制訂或修正，營造一個能夠讓企業蓬勃發展的環境，而使願意工作的人都能找到工作、平安過活。由於凱因斯對穩定就業率的強調，加上戰時經濟變化的驗證，使得英美二國在戰後推出了各自的就業法案，力圖達成一個大致

上沒有失業人口的社會。

「然而好時光總是過得飛快。 1970 年代初期，布列頓森林體系崩潰，失業率與通貨膨脹率同時上漲，結束了工業國家二十多年來經濟穩定成長的時代。凱因斯的理論解決不了當時的經濟困局，終於褪去所有光環。新興的貨幣主義學派一躍成為顯學，等到 1990 年代時，凱因斯之名幾乎不再有人提起。」

「怎麼會這樣？」菲菲、穎穎焦急的問道。

「主要原因可能是凱因斯過世得太早。」媽媽很感慨的嘆口氣，「凱因斯很清楚自己理論的局限在哪裡，但其他人並沒有那麼清醒的認知。他去世後，經濟學家與政府官員依照各自的喜好和信念，去詮釋並實踐凱因斯的理論，不可避免的產生了許多偏離凱因斯精神的政策，而這些政策的失敗，全都記在凱因斯理論的帳上。再加上科學界的進展總是推陳出新，凱因斯的理論固然顛覆了古典經濟學，但他的理論也必須面對新一

代經濟理論的挑戰。當 1970 年代爆發了凱因斯理論無法處理的經濟危機時，他的理論就幾乎注定了被揚棄的命運。不過，隨著 1997 年亞洲金融風暴的發生，以及 2007 年從美國次級房屋貸款危機蔓延到全球的經濟大衰退，凱因斯的理論又被翻了出來，不但有越來越多經濟學家據此開出拯救經濟的藥方，布列頓森林體系似乎也有起死回生的跡象。」

「所以說，金子終究是會發光的。」穎穎點點頭，一副小大人模樣的說著。

菲菲靜靜盯著那本凱因斯傳記半天，然後說：「媽咪，書借我一下。這麼一位將天才運用在挽救他的國家，還有這個世界的人，值得我仔細的把他的故事再讀一遍。」

穎穎也跟著叫道：「我也要看、我也要看！」

菲菲接過書，笑瞇瞇的對弟弟說：「我們一起看，乖。」

　　無論從哪個角度來衡量，凱因斯都堪稱最幸
運的天才。他出身優渥，又有父母師長的悉心栽
培，讀的是最好的學校，交遊的俱是各界的菁英。
入社會後，他深受長官的器重，時代的劇烈動盪，
又給予他揮灑的舞臺。他有犀利的文筆，能將複
雜抽象的經濟現象解釋給普羅大眾明白；他還有
一副好口才、好風範，足以讓聽眾聽得如痴如醉，
幾乎抗拒不了他所灌輸的思想。他甚至連做投機
買賣都很有一套，獲利之佳，在經濟學家中僅次
於股票經紀人出身的李嘉圖 (David Ricardo)。可
以說，凱因斯的一生順遂，從來沒有生不逢時、
懷才不遇之嘆。

　　上天厚愛凱因斯如此，凱因斯傾盡才華以報
之。他獨資興建劇院，讓英國多了一處傳播藝術
的場所。他出任國家藝廊的董事，成立大不列顛

藝術委員會，要讓英國擁有更多的美善。他義務
管理母校國王學院的院務基金，使它成為財務最
穩健的學院。第一次世界大戰時，他接受徵召入
英國財政部，協助籌措軍費，穩定國家財政，有
識者都認為在後勤人員中，凱因斯的貢獻當屬第
一。到了第二次世界大戰，他雖無財政部長之名，
卻有財政部長之實，殫精竭慮運用各種影響力，
從美國借來大筆款項，使英國得以撐到贏得最終
勝利。但凱因斯並不滿足於盟軍的勝利。藉由召
開布列頓森林會議的機會，他努力協調各國代
表，致力為全世界建立一個更健康、更強壯的經
濟體系，從而能更好的面對種種經濟危機。

　　但令這些成就相形失色的，是凱因斯在一系
列著作中所留下的非凡洞見。《和平的經濟後果》
直斥協約國的無情殘酷，正確預言了第二次世界

大戰的爆發，間接使得第二次世界大戰結束後，戰勝國痛定思痛，決議協助戰敗國的重建工作，以免重蹈覆轍。歷史學家公認單憑此書的成就，就足以讓凱因斯名垂千古。《就業、利率與貨幣的一般理論》這本書，不但合理解釋了經濟大蕭條的成因，更成功開出藥方。此書還開闢了經濟學的另一個大部門「總體經濟學」，使政府得能藉由種種資料的搜集，評估與調整一國的經濟發展。

　　此後的三十年間，從凱因斯的經濟理論發展而來的凱因斯經濟學派，成為經濟學界的顯學。它主張政府必須承擔起確保經濟繁榮的責任，並提供各國政府介入經濟發展的理論基礎與方針，也促成這段期間雖然偶有衰退，但大體是經濟繁榮的穩定局面。直到 1970 年代出現新的經濟危機，削弱了凱因斯理論的效力，才有新興的貨幣

學派能夠與它相抗衡。

　　貨幣學派縱橫不到二十年，到了 1990 年代末期時，接二連三的經濟危機動搖了有識者的信心，凱因斯經濟學派漸有中興之勢，2008 年金融危機爆發，差點將歐美銀行體系整個瓦解，更使沉寂許久的凱因斯理論重回世人面前。

　　時至今日，多位重量級的學者呼籲重新省思凱因斯的理念，以及他想達到的「和諧世界」的願景。正如凱因斯在〈後代子孫的經濟可能性〉一文所寫的：追求經濟發展的目的不在累積大量的金錢，而是懂得運用金錢，讓人生活得「聰明、愉悅與滿意」。

凱因斯　小檔案

1883 年　6 月 5 日誕生於英國劍橋市哈維路六號。

1897 年　考入伊頓公學。

1902 年　以第一名成績考入劍橋大學國王學院，主修數學。

1906 年　參與公職考試，以第二名成績錄取，進入印度部。

1908 年　重返劍橋，擔任經濟學講師。

1911 年　擔任《經濟期刊》編輯。

1913 年　出版《印度通貨與財政》。

1914 年　第一次世界大戰爆發，接受國家徵召，進入財政部協助處理國家的財政危機，籌措戰爭經費。

1919 年　1 月，以財政部代表的身分，參加巴黎和會，在凡爾賽和約簽署前三天辭職。 12 月 ， 發表《和平的經濟後果》。

1921 年　出版《機率論》。

1923 年　出版《貨幣改革論》。

1925 年　與俄國芭蕾舞星莉迪雅‧洛波柯娃結婚。出版《邱吉爾先生的經濟後果》。

1930 年　出版《貨幣論》。

1934 年　呼籲羅斯福總統加碼政府投資，增加需求，以降低失業率。

1936 年　出版《就業、利率與貨幣的一般理論》。

1937 年　心臟病發作。

1940 年　出版《如何籌措戰費》。

1941 年　首次代表英國訪美，籌措軍費。

1944 年　率領英國代表團出席布列頓森林會議，促成戰後「國際貨幣基金」與「世界銀行」成立。

1945 年　代表英國與美國談判，取得重建英國的貸款。

1946 年　4 月 21 日心臟衰竭病逝，享年六十三歲。

參 考 資 料

書 籍

- 《凱恩斯傳》／Robert Skidelsky 著；相藍欣、儲英譯
- 《為什麼是凱因斯？》／Peter Clarke 著；黃煜文譯
- 《凱因斯》／Peter Pugh 著；李華夏譯
- 《俗世哲學家》／Robert L. Heibroner 著；唐欣偉譯
- 《偉大的追尋：經濟學天才與他們的時代》／Sylvia Nasar 著；
  張美惠譯

國家圖書館出版品預行編目資料

凱因斯 / 郭怡汾著;劉向偉繪.－－初版一刷.－－臺北
市: 三民, 2014
　　面；　公分.－－(兒童文學叢書/近代領航人物)

ISBN 978－957－14－5926－4　(平裝)

1.凱因斯(Keynes, John Maynard, 1883－1946)
2.傳記 3.通俗作品

781.08　　　　　　　　　　　　　　　103011180

© 　凱因斯

著 作 人	郭怡汾
繪　　者	劉向偉
主　　編	張燕風
企劃編輯	莊婷婷
責任編輯	楊雲琦
美術設計	蔡季吟

發 行 人	劉振強
著作財產權人	三民書局股份有限公司
發 行 所	三民書局股份有限公司
	地址　臺北市復興北路386號
	電話　(02)25006600
	郵撥帳號　0009998-5
門 市 部	(復北店)臺北市復興北路386號
	(重南店)臺北市重慶南路一段61號
出版日期	初版一刷　2014年7月
編　　號	S 782480

行政院新聞局登記證局版臺業字第○二○○號

有著作權·不准侵害

ISBN　978-957-14-5926-4　(平裝)

http://www.sanmin.com.tw　三民網路書店

※本書如有缺頁、破損或裝訂錯誤,請寄回本公司更換。